DER GENIEßT WAHRE MUßE, DER ZEIT HAT, DEN ZUSTAND SEINER SEELE ZU FÖRDERN.

Henry David Thoreau, amerikanischer Schriftsteller

EINFACH ABSCHALTEN!

REISEZIELE FÜR DIE SEELE IN DEUTSCHLAND

*****

Mit Ruhegarantie

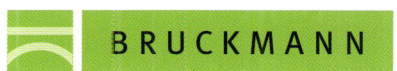

INHALTSVERZEICHNIS

Ein sonniger Wintertag am Eibsee.

Naturidyll: Blick auf den Königssee im Nationalpark Berchtesgaden.

Raus aus dem Alltag,
rein in die Erholung!

Die Zeit rennt, Deadlines nagen am schlechten Gewissen,
und das Email-Postfach quillt über. Im Alltag bleibt kaum
eine ruhige Minute und am Abend fallen wir erschöpft auf
die Couch. Warum ist das so? Die permanente Verfügbar-
keit in einer durchdigitalisierten, immer schneller werdenden
Welt ist ein entscheidender Faktor: Der ständige Blick aufs
Handy, das Gefühl, jederzeit erreichbar sein zu müssen,
verursachen einen enormen Stress. Umso wichtiger ist es,

ab und zu offline zu gehen und sich bewusste Auszeiten
zu nehmen – gemeinsam mit der besten Freundin, dem
Partner, der Familie … oder ganz allein! Dafür braucht
es keine mehrstündige, umweltbelastende Flugreise, denn
Deutschland mit seinen Wäldern, Gewässern und Gebirgen
bietet wunderbar entspannte Reiseziele, die dazu einladen
in naturnaher Umgebung den Blick auf das Wesentliche zu
richten.
Auf den folgenden Seiten haben wir für Sie die schönsten
Ideen für eine digitale Auszeit zusammengetragen – von
den nordfriesischen Inseln bis zu den Alpen, von der Eifel

Ein sonniger Morgen auf
der ostfriesischen Insel Juist.

bis zur Sächsischen Schweiz. Träumen Sie vielleicht davor, mitten im Wald – fernab der Zivilisation, ohne Strom und fließendes Wasser – Ihr Zelt aufzuschlagen? Die Trekking Camps im Schwarzwald machen's möglich! Wenn es etwas mehr Komfort sein darf, empfehlen wir Ihnen naturnahe Glamping-Unterkünfte wie ein Baumhaushotel im Allgäu oder luxuriöse Forsthütten im Bayerischen Wald. Wer hingegen Erholung am Wasser sucht, für den könnte eine Auszeit auf dem Floß in der Mecklenburgischen Seenplatte oder eine gemächliche Kanu-Fahrt auf der Altmühl das Richtige sein. Nicht zu vergessen die deutschen Mittel- und

Hochgebirge, die wunderbare Erholung bieten, sei es hoch-alpin beim Klettern samt Übernachtung in der Biwakschachtel, beim Schneeschuhwandern über sanfte Höhen oder beim Einfach-in-die-Ferne-Schauen …
Diese und zahlreiche weitere entschleunigende Erlebnisse erwarten Sie in diesem Buch. Wir wünschen Ihnen viel Freude beim Blättern und eine gute Erholung!

Kerstin Beck, Udo Haafke, Britta Mentzel,
Norbert Ney, Barbara Rusch

Ein Meer aus Bäumen:
Der Schwarzwald ist das ideale
Reiseziel für stressgeplagte
Großstädter.

INTO THE WOODS

Mit allen Sinnen durch die Natur

Der würzige Geruch nach Moos, Blättern und Erde. Das sanfte Rascheln des Laubs unter den Füßen, der lockende Ruf der Vögel in den Bäumen und das leise Plätschern des Baches. Grün und Braun in Millionen von Schattierungen. Ein Besuch im Wald ist ein Fest für alle Sinne.

Höher, schneller, weiter. In der Hektik der digitalen Welt von heute hat sich ein ganz klarer Gegentrend hin zur Achtsamkeit, zum bewussten Runterschalten und Wahrnehmen entwickelt. Und nirgendwo geht das besser als im Wald. Die Japaner sind sich der beruhigenden Wirkung des Waldes schon lange bewusst. Bereits 1982 schufen sie den Begriff Shinrin Yoku, was so viel wie »Waldbaden« bedeutet und das bewusste Eintauchen in die Schönheit des Waldes mit weit geöffneten Sinnen bezeichnet. Ein Begriff, der heuzutage in aller Munde ist. Inzwischen ist es sogar wissenschaftlich bewiesen, dass Bäume einen entspannenden Effekt auf die Psyche haben und aktiv gegen Stress, Müdigkeit, Depressionen und Ärger wirken. Wie gut, dass Deutschland ein echtes Waldland ist, beinahe ein Drittel seiner Fläche ist bewaldet.

»5 X ABSCHALTEN UND RUNTERKOMMEN«

- Wipfelglück: Offline-Auszeit im Baumhaushotel (S. 23)

- Ort der Entschleunigung: Lehde im Spreewald (S. 26)

- Shinrin Yoku: ein Bad im Walde (S. 39)

- Natur hautnah: das Trekkingcamp Schwarzwald (S. 47)

- Luxuriöse Wildnis: Das Forstgut im Bayerischen Wald (S. 32)

DARSSWALD

Im wilden Osten – Wald küsst Meer

Hoch im Nordosten Deutschlands breitet sich im Nationalpark Vorpommersche Boddenlandschaft auf 5000 Hektar der dichte Darßer Wald aus. Sowohl von Prerow als auch von Ahrenshoop, Wieck und Born aus führen bezaubernde Wege durch die Wildnis bis an die Ostseestrände. Wenn scheinbar Unvereinbares zusammenkommt, ist der Reiz besonders groß. Auf dem Darß berühren sich die Gegensätze: dort der Strand und das Meer, hier der Wald. Und was für ein Wald! In dem auf einer Halbinsel gelegenen Nationalpark findet sich eine außergewöhnliche Baumvielfalt: Eiben, Lärchen, Eichen, Birken, Erlen, Kiefern und vor allem Rotbuchen bilden Waldgesellschaften – an ihren jeweils bevorzugten Standorten. Während die Erlen am liebsten in feuchten Senken wurzeln, reichen die Kiefern bis fast an die Ostseewellen. Mitten durch den dichten Darßer Wald, den ein Netz aus 36 Wanderwegen und Radstrecken mit unterschiedlichsten Längen durchzieht, verläuft zudem ein naturhistorisches Phänomen: die alte Kliffküste, gegen die vor 3000 Jahren das Meer brandete.

Ans Meer oder doch lieber in den Wald? Für alle Unentschlossenen ist die Halbinsel Darß die richtige Wahl.

Lange Spaziergänge durch die Bodden-
landschaft sind Balsam für Körper und
Seele. In Prerow (unten) finden sich hübsche
Fachwerkhäuser.

2 WESTSTRAND Prämierte Strandschönheit

Ist das noch Ostsee oder schon Karibik? Derart feinsandig
zieht sich der 13 Kilometer lange Weststrand dahin, dass sich
Zweifel einstellen – stünden da zwischen Ostseesaum und
Darßer Wald statt Palmen nicht bizarr gewachsene Kiefern,
die sogenannten »Windflüchter«. Schnurgerade erstreckt
sich der Strand von Ahrenshoop bis zum Leuchtturm, je weiter
entfernt von den Parkplätzen, desto einsamer. Schon mehr-
fach wurde der Weststrand zu einem der schönsten Strände
weltweit gekürt.

TIPP

Wer sich Fahrräder mietet, vermeidet lange Märsche mit Stran-
dequipment durch den gut beschilderten Darßer Wald. Leihsta-
tionen, auch für E-Bikes, gibt es in den größeren Darß-Orten
Ahrenshoop und Prerow. Infos unter www.prerow.de, www.ah-
renshoop.de

1 PREROW

Bevorzugte Waldlage

Wenn die Sonne hinter dem Leuchtturm am Darßer Ort unter-
geht, ist Prerows Seebrücke voll besetzt. Fast 400 Meter reicht
die Brücke in die Ostsee hinein und zu jeder Tageszeit bieten
sich dort stimmungsvolle Fotomotive. Ehemals am Sperrgebiet
gelegen, sprüht Prerow heute im Sommer vor Leben. Fast alle
Urlauber erreichen den Nord- und Weststrand, die Ortsmitte
oder stille Seitenstraßen mit dem Rad, ohne dabei die reine
Ostseeluft zu verpesten. Echte Eyecatcher im Ostseebad sind
die handbemalten Türen.

TIPP

Von Prerow starten Ausflugsschiffe verschiedener Reedereien auf
den Bodden, die mehrmals täglich über das flache, salzarme
Gewässer schippern – besonders begehrt sind die Plätze an der
Reling zur Kranichzeit im Herbst, www.fahrgastschiff-darss.de

3 DARSSER LEUCHTTURM

Aussicht satt

Seit 1848 steht der Backsteinleuchtturm Darßer Ort an der
Spitze der Halbinsel und sendet bis heute Signale an die
vorbeiziehenden Schiffe. 134 Stufen führen zur Aussichtsplattform in 30 Metern Höhe, der Blick reicht bis zu den dänischen
Inseln. Im Leuchtturmgehöft ist das »Natureum« mit dem Ost-
seeaquarium untergebracht. Dort sind mehr als 30 Fischarten
und Wirbellose zu entdecken, außerdem die beeindruckende Vielfalt der Tierwelt auf dem Darß sowie die besondere
Dynamik dieser einmaligen Küstenlandschaft.

TIPP

Das Bernsteinkabinett im »Natureum« präsentiert schöne Fund-
stücke von den Ostseeküsten. Ein privat betriebenes kleines Bernsteinmuseum gibt es auch in Prerow, Waldstraße 54 (kostenloser
Eintritt), www.darsser-ort.de und www.natureum-darss.de

Der Weststrand ist bekannt für
seinen feinen, kilometerlangen
Sandstrand.

An der Spitze der Halbinsel
sendet seit 1848 der Darßer
Leuchtturm Signale an vorbei-
fahrende Schiffe.

Wenn sich im August und September die Lüneburger Heide in ein Meer aus Violett verwandelt, sind Radtouren und Wanderungen ein besonderes Erlebnis.

LÜNEBURGER HEIDE

Augenweide in violett

Während der Heideblüte im August und September verwandelt sich die von Menschenhand geschaffene Kulturlandschaft der Lüneburger Heide in ein Meer aus violetten Blüten. Dieses Ereignis ist so einzigartig, dass es mit Heideblütenfesten gefeiert wird, bei denen jährlich neue Heideköniginnen gekrönt werden. Ein Magnet für Besucher aus Nah und Fern!

Der 1070 Quadratkilometer große Naturpark Lüneburger Heide besticht mit seinen sanften Hügeln, knorrigen Wäldern, alten Mooren und schmalen Heidebächen durch eine außergewöhnliche landschaftliche Vielfalt. Die hübschen Dörfer mit ihren reetgedeckten Höfen lassen sich sowohl zu Fuß als auch per Rad oder Kutsche entdecken. Die tierischen Landschaftspfleger, schwarz-weiße Heidschnucken, die mit ihren Schäfern durch die Lüneburger Heide ziehen, ebenso wie die autofreie Zone rund um das idyllische Wilsede, versetzen den Besucher zurück in alte Zeiten.

Wer es ruhig mag, zieht in den frühen Morgenstunden los – mit etwas Glück erlebt man die Heide dann auch mystisch-nebelverhangen.

Ihnen hat der Wanderweg seinen Namen zu verdanken: Die Heidschnucken sind eine in der Lüneburger Heide ansässige, schwarz-weiße Schafrasse.

Das Heidekraut ist ein echter Überlebenskünstler und kommt auch mit trockenen und nährstoffarmen Böden zurecht.

Hinsetzen, durchatmen und
den Blick auf die bunte
Naturlandschaft genießen!

1 HEIDSCHNUCKENWEG Erlebnis in violett

Leise knirscht der Sand unter den Füßen, während man sich seinen Weg durch ein unendlich scheinendes Meer an blühender Heide bahnt, nur ab und zu unterbrochen von ein paar Wachholderbüschen. Unweigerlich bleibt man immer wieder stehen und saugt die violette Pracht, die Weite und Stille, die einen umgibt, in sich auf. Lediglich das Schnauben der Pferde einer vorbeifahrenden Kutsche durchbricht von Zeit zu Zeit diese Idylle.

Der Heidschnuckenweg ist ein 223 Kilometer langer Wanderweg durch die Lüneburger Heide. Auf 13 Etappen durchquert er den Regionalpark Rosengarten, den Naturpark Lüneburger Heide und den Naturpark Südheide, zeigt dabei auf einmalige Art und Weise die vielen Gesichter der Heidelandschaft und zählt damit sicherlich zu den schönsten Heide-Wanderungen Deutschlands. Namensgeber des Heidschnuckenweges ist die in der Heide ansässige, schwarz-weiße Schafrasse. Sie ist unerlässlich für den Erhalt der Kulturlandschaft der Lüneburger Heide und mit etwas Glück begegnet man ihr auf der Wanderung immer wieder einmal.

Den besonderen Reiz des Wanderweges machen seine Naturbelassenheit, die häufig wechselnden Naturlandschaften und der ursprüngliche Charme der Heidedörfer aus. Mit Streckenabschnitten von 7 bis 27 Kilometern findet hier jeder Wandertyp die ideale Strecke, von der Familie, über den Genuss- bis hin zum sportlichen Wanderer. Eine stressfreie und möglichst klimaneutrale Anreise ist gut mit den öffentlichen Verkehrsmitteln zu bewältigen. Zwischen Mitte Juli und Mitte Oktober verkehrt der kostenlose Heide-Shuttle. Mit einer Kombination aus Metronom, der Heidebahn Erixx und verschiedenen Ringbuslinien ist eine Vielzahl von Zielen im Naturpark erreichbar. Wer sichergehen will, dass er die Heide in voller Blüte erlebt, kann vor der Wanderung den Stand

DIE VIOLETTE PRACHT, DIE WEITE UND DIE STILLE BEI EINER WANDERUNG DURCH DIE LÜNEBURGER HEIDE AUFZUSAUGEN IST ERHOLUNG PUR!

der Blüte beim Heideblüten-Barometer im Internet abfragen (www.lueneburger-heide.de). Für eine eintägige Heidewanderung empfiehlt sich die vierte Etappe des Heidschnuckweges, die 14 Kilometer lange Strecke von Undeloh bis Niederhaverbeck. Highlights unterwegs sind das Heideerlebniszentrum in Undeloh, das Radenbachtal und natürlich das autofreie Wilsede samt dem Wilseder Berg mit einem fantastischen Panoramablick.

TIPP

Auf einer der zahlreichen Bänke entlang des Heidschnuckenweges ein mitgebrachtes Picknick zu genießen gehört wohl zu den schönsten Arten, diese unvergleichliche Umgebung auf sich wirken zu lassen. Dabei versteht es sich von selbst, alle Abfälle wieder mitzunehmen.

In den Heidedörfern gibt es zudem hier und da nette Einkehrmöglichkeiten, www.heidschnuckenweg.de

Das Café des Heideerlebniszentrums bietet regionale Köstlichkeiten. Das Ortsbild von Wilsede (unten) ist geprägt von charmanten, reetgedeckten Fachwerkhäusern.

3 WILSEDE · · · · · · · · · Autofreies Heidedorf

Mit seinen charmanten, reetgedeckten historischen Fachwerkhäusern, seiner Lage inmitten des Naturschutzgebietes und seiner Nähe zum Wilseder Berg, der mit 169 Metern höchsten Erhebung der Norddeutschen Tiefebene ist das 40-Seelen-Örtchen Wilsede ein beliebtes Ausflugsziel in der Lüneburger Heide. Nichtsdestotrotz ist das autofreie Dorf, das nur zu Fuß, per Rad oder Kutsche erreichbar ist, ein Idyll geblieben. Dank fehlender Straßenlaternen bietet es nachts ideale Bedingungen für Sterngucker.

TIPP

Das Heide- und Freilichtmuseum Dat ole Huus in Wilsede, das in einem alten Heidehof untergebracht ist, zeigt anschaulich, wie die Heidebauern um 1850 lebten und arbeiteten.

2 UNDELOH

Heideerlebniszentrum

Das Heidedorf ist nicht nur Ausgangspunkt vieler Wanderungen, Radtouren und Kutschfahrten durch die Heide, sondern beheimatet auch das Heideerlebniszentrum (www.heide-erlebniszentrum.de). Das ganze Jahr über kann man sich hier über die Entstehung, Nutzung und Erhaltung dieser einzigartigen Kulturlandschaft informieren. Im Café Heimatliebe sind nicht nur Erinnerungsstücke zu finden, sondern auch kulinarische Köstlichkeiten: die Buchweizentorte und die Heidschnuckenbratwurst sollte man sich nicht entgehen lassen.

TIPP

Umweltfreundlich in die Heide: Vom 15. Juli bis 15. Oktober ist Undeloh mit der kostenlosen Freizeitbuslinie, dem Heide-Shuttle, der auch Fahrräder mitnimmt, erreichbar. Ideal für Wanderungen oder Radtouren!

4 UELZEN

Glamping im Öko-Camp

Am Rande der Heidestadt Uelzen liegt der Öko-Campingplatz Uhlenköper. Hier findet man neben herkömmlichem Camping auch besondere Unterkünfte, wie die Schlummertonne, eine Jurte oder ein Tipi. Der nachhaltige Umgang mit der Umwelt macht sich nicht nur im Naturfreibad, das ohne Chemikalien betrieben wird, den Bio-Produkten im Laden und im Imbiss bemerkbar. Wo immer möglich werden Wasser und Strom gespart oder es wird gleich Solarstrom eingesetzt. Vorbildlich!

TIPP

Neben einem Fahrradverleih bietet der Campingplatz auch eine Kanuvermietung sowie geführte Kanutouren auf der Ilmenau an. Von Zwei-Stunden- bis hin zu Zwei-Tages-Touren ist alles möglich, www.uhlenkoeper-camp.de

Hier ist Entschleunigung Programm: Das autofreie Heidedorf Wilsede ist nur zu Fuß, mit dem Rad oder eben per Pferdekutsche zu erreichen.

Nach Wilsede oder ins Heide-Erlebniszentrum? Wir empfehlen Ihnen beides!

Wilsede

Heide-ErlebnisZentrum

In Bad Zwischenahn wird der Kindheitstraum von der Übernachtung im Baumhaus Wirklichkeit!

Das Frühstück wird auf Wunsch auf die Baumhaus-Terrasse serviert.

WIPFELGLÜCK

Natürliche Entschleunigung

Das Baumhaus, der Traum vom verwegenen Abenteuer aus der Kinderzeit – in Bad Zwischenahn wird er Wirklichkeit. Nicht ganz so, wie es sich die jugendliche Fantasie einst ausgemalt hat, also hoch oben in schwankender Baumkrone und nur in Tarzanmanier über ein Seil zu erklimmen. Etwas gediegener darf es schon sein. Über eine Stahltreppe geht es hoch auf die Veranda des hölzernen Domizils. Im Inneren erwarten uns alle Annehmlichkeiten eines Glamping-Urlaubs: ein Ferienhaus mit Platz für vier Personen, eine perfekt ausgestattete Wohnküche und sogar Fußbodenheizung im edel gefliesten Bad. Lediglich auf moderne Kommunikationsmittel muss der Gast verzichten. Fernseher, Radio, Internet – Fehlanzeige. Doch wofür auch? Zieht man die Vorhänge auf, blickt man hinaus in die Natur, in den Wald, unverstellt und unverfälscht. Das ist Wellness auf natürliche Art, hier findet der gestresste Großstädter eine unvergleichliche Ruhe und Geborgenheit – und zu sich selbst. Ein kleines Paradies zwischen Himmel und Erde.

Unbehandeltes Lärchenholz beherrscht den knapp 40 Quadratmeter großen Innenraum. Der Geruch des Holzes allein schon wirkt Wunder und verstärkt die Magie des sanft wogenden und stetig raschelnden Blattwerks ringsum. Die Ruhe überträgt sich unmittelbar auf den Geist, während Reh und Hase genussvoll im Grün darunter dinieren, ein Eichhörnchen behände einen Stamm erklimmt und ein Specht in unmittelbarer Nachbarschaft die Baumrinde bearbeitet. Wer nun meint, das Bauwerk auf Stelzen müsse permanent schwanken und wackeln, liegt falsch. Selbst von schweren Stürmen, die über das Ammerland ziehen, merkt man nichts. Nur die Erschütterungen, wenn die Feriengäste durch den Raum gehen, sind deutlich zu spüren. Lesenswert ist das Gästebuch: Kinder be-

EIN KURZURLAUB IN DEN WIPFELN, GANZ OHNE FERNSEHEN UND INTERNET, IST BALSAM FÜR DIE GESTRESSTE GROSSTADT-SEELE.

richten darin begeistert von neu entdeckten Spielen, Eltern von viel Entspannung und Paare von Stunden voller Romantik. Das Frühstück mit exquisitem, selbstgemachter Backwerk wird auf Wunsch vom Vermieter persönlich in die luftige Stube serviert.

TIPP

Das Baumhausresort »Baumgeflüster« von Bad Zwischenahn liegt östlich des Stadtzentrums etwa drei Kilometer vom Zwischenahner Meer entfernt, inmitten der einzigartigen Ammerländer Parklandschaft. Ganzjährig buchbar, am Wochenende und an Feiertagen ist ein Mindestaufenthalt von zwei respektive drei Nächten obligatorisch, www.baumgefluester.de

Auf einer Bootstour über
die verschlungenen Wasserstraßen lässt es sich besonders gut in die magische
Atmosphäre des Spreewaldes
eintauchen.

SPREEWALD

Magische Kulturlandschaft

Eine Reise in den Spreewald gleicht einer Reise in eine andere Welt. Eine Welt voller Sagen und mystischer Gestalten, die ihren Ursprung in den Erzählungen des slawischen Volkes der Sorben und Wenden haben. Eine Welt, die es weitab von lärmigen Großstädten und moderner Hektik geschafft hat, sich eine gewisse Ursprünglichkeit zu bewahren und bis heute stolz an zahlreichen authentischen Bräuchen und ihrer eigenen Sprache festhält.

Zugleich ist der Spreewald ein seit 1991 als UNESCO-Biosphärenreservat anerkanntes Naturparadies mit einem weit verzweigten Netz an Kanälen (auch Fließe genannt) und Lebensraum für viele seltene Tier- und Pflanzenarten. Glaubt man den Sagen, so wurde diese einzigartige Landschaft vom Teufel persönlich geschaffen. Wie dem auch sei, der Spreewald zieht einen in seinen Bann – und das zu jeder Jahreszeit ob im vollen Saft stehend, grün in allen Schattierungen, voller pfeilschneller, blau schimmernder Libellen und schnatternder Enten oder im Herbst und Winter geheimnisvoll, nebelverhangen und mit Puderzuckerschnee überzogen.

Hier steht die Zeit still: Ein Besuch der historischen Bauernhöfe des Freilandmuseums in Lehde ist sehr entschleunigend.

2 LÜBBENAU Eintauchen ins Fließlabyrinth

Während einer Kanu- oder Kajaktour auf den verschlungenen Wasserstraßen des Spreewaldes ist die Natur besonders nah zu spüren. Auf einer individuellen Tour entscheidet der Besucher selbst über die Route und eventuelle Pausen und kann die magische Atmosphäre ungestört genießen. Die geführte Spreewaldsafari mit einem Ranger dagegen bietet jede Menge Wissenswertes über den Spreewald und zu dessen Flora und Fauna.

TIPP

Ein lohnenswertes Pausenziel ist das urige mitten in der Natur auf einer Erleninsel gelegene Traditionsgasthaus Wotschofska, das nur zu Fuß oder vom Wasser aus erreichbar ist und typische Spreewaldgerichte auftischt, www.gasthaus-wotschofska.de

1 LEHDE Spreewald wie anno dazumal

Im Spreewalddörfchen Lehde, auf den schmalen Fließen, Holzbrücken und in den malerischen Holzhäuschen mit ihren blumenüberzogenen Gärten scheint die Zeit stehen geblieben zu sein. Die drei historischen, altwendischen Bauernhöfe des Freilandmuseums gewähren einen faszinierenden Einblick in die Lebensweise und Kultur der sorbischen Spreewaldbauern im 19. und frühen 20. Jahrhundert. Vor allem die Erlebnisplätze, an denen die ganze Familie historische Tätigkeiten ausprobieren kann, machen eine Führung so besonders.

TIPP

Die etwas außerhalb von Lehde in einem ehemaligen Bauernhaus aus dem 19. Jahrhundert gelegene Gaststätte Kaupen No. 6 (www.kaupen6.de) serviert original Spreewälder Spezialitäten in grüner, ruhiger Lage direkt am Spreewaldfließ.

3 NATURWELLNESS Yoga und mehr

Mit seinem satten Grün, seinen stillen Fließen und sanft rauschenden Bäumen hat der Spreewald etwas ungemein Beruhigendes. Wer sich diesem Gefühl ganz und gar hingeben möchte, kann dies bei einer der vielen Wellnessveranstaltungen an der frischen Luft tun: Yoga an der Spreewaldlagune, Qi Gong mitten in der Natur, Wellness- oder Heukahnfahrten über die Fließe oder meditatives Wandern im Grünen. Der Spreewald ist vor allem eine Oase für die Sinne und ein Ort, um Kraft zu tanken.

WINTER-TIPP

Schwimmen im Solewasser der Spreewald-Therme (www.spreewald-therme.de), Klangschalenmassagen in der Salzgrotte (www.salzgrotte-spreewald.de) oder Saunieren in den Spreewelten (www.spreewelten.de) sind Entspannung pur – und obendrein wetterunabhängig.

Malerische Holzhäuschen und blumenüberzogene Gärten prägen das Ortsbild von Lehde.

Die Bootstouren durch den Spreewald lassen sich ganz individuell planen. So bleibt ausreichend Zeit, die wunderschöne Umgebung zu genießen.

Auf der Strecke kann man sich in einem der Hofläden mit sauren Gurken und anderen Köstlichkeiten eindecken.

Hübsche Holz- und Fachwerkhäuser sind charakteristisch für die Dörfer des Spreewalds.

Immer der Gurke nach!
Der Gurkenradweg führt auf
260 Kilometern durch den
Spreewald.

4 SPREEWALD-RADTOUR

Immer der Gurke nach

Eine glücklich radelnde Gurke auf gelbem Grund ist auf dem Wegweiser des schönsten Radweges durch das UNESCO-Biosphärenreservat Spreewald abgebildet. Und wie könnte es auch anders sein? Schließlich ist kaum ein Produkt so eng mit der Region verbunden wie ihr Exportschlager Nummer eins – die Spreewaldgurke. Interessanterweise fanden die Gurkensamen erst mit flämischen Tuchmachern ihren Weg in den Spreewald, dessen humusreicher Boden, Wasserverhältnisse und Sonnenstunden sich perfekt für den Anbau eigneten. Um die Gurken haltbar zu machen, legten sie die Bauern schließlich in Essig ein. Der Rest ist Geschichte! Heute führt der Gurkenradweg auf 260 Kilometern in acht Etappen durch den Spreewald, vorbei an malerischen Fließen, romantischen Dörfern, Gurkenfeldern und unberührten Auenlandschaften. Wer den kompletten Gurkenradweg abfahren möchte, sollte mindestens fünf bis sechs Tage einplanen, ansonsten empfiehlt es sich, verschiedene Etappen bei einer Sternfahrt miteinander zu verbinden. Die geringen Höhenunterschiede machen den Gurkenradweg zur Genusstour für jede Altersklasse. Zahlreiche Sehenswürdigkeiten unterwegs laden zu Zwischenstopps ein. Die Gasthäuser bieten Spreewälder Spezialitäten wie Hefeplins, Fisch oder Pellkartoffeln mit Leinöl und Quark an.

Wer lediglich eine eintägige Radtour durch den Spreewald unternehmen möchte, dem sei die 32 Kilometer lange Lübbenauer Gurkentour empfohlen. Sie kann entweder von Anfang Mai bis Ende September, immer mittwochs, als geführte, siebenstündige Tour gebucht oder auf eigene Faust unternommen werden. Mitten durch landschaftlich reizvolle Gegenden verfolgt die Route den Weg der berühmten Spreewaldgurke vom Feld bis ins Gurkenglas. Am Weg liegen nicht nur die Lübbenauer Gurkenmeile, eine Gurkenlegerei

DIE TOUR FÜHRT VORBEI AN ROMANTISCHEN DÖRFERN, MALERISCHEN FLIESSEN UND ALLERLEI »GURKIGEN« HIGHLIGHTS WIE GURKENFELDERN, DEM GURKENMUSEUM UND EINER GURKENEINLEGEREI.

und das Gurkenmuseum, sondern auch kulturelle Höhepunkte wie die Slawenburg Raddusch oder das bezaubernde Spreewaldörtchen Lehde. Vorteil der geführten Tour: Ein kundiger Radwanderführer bringt den Radlern unterwegs nicht nur allerlei Wissenswertes rund um die Gurke näher, sondern ermöglicht auch die Betriebsführung durch eine Gurkeneinlegerei mit anschließender Verkostung.

TIPP

Wer sich unterwegs mit Gurken eindecken will, macht Halt bei einem der vielen Hofläden, bei denen häufig auch andere Köstlichkeiten wie Leinöl, Honig, Marmeladen oder Molkereiprodukte zum Verkauf stehen. Von Ende Juni bis Ende August findet jeden Dienstag, Mittwoch und Samstag eine circa eineinhalbstündige Werksführung beim Gurkeneinleger Spreewaldrabe in Boblitz statt, www.spreewaldrabe.de

Unberührte Natur:
Im Nationalpark Bayerischer
Wald lässt sie sich mit allen
Sinnen erleben und genießen.

BAYERISCHER WALD

Vielfalt ist Trumpf

Der Landstrich in Ostbayern liegt (wieder) im Trend – schnell zu erreichen für alle, die eine Auszeit brauchen, viel Komfort und keine Sprachbarriere. Ansprechende Orte und schroffe Burgruinen sorgen für Abwechslung in einem schier grenzenlosen Wanderrevier. Die Entwicklungen sind hier tatsächlich atemberaubend: Galt der Bayerische Wald lange Zeit als Subventionsgrab, erreicht seine touristische Infrastruktur heute vielerorts Spitzenniveau. In der Region, die sich ungefähr zwischen Cham im Norden und Wegscheid im Süden erstreckt, gibt es ungezählte Familienziele und Freizeitparks und über 50 Wellnesshotels, viele davon erstklassig. Aber – und das ist er seinem Namen schuldig – der Bayerische Wald punktet vor allem mit seiner abwechslungsreichen Landschaft, die von nahezu alpinen Höhenlagen wie dem Großem Arber, dem Rachel oder dem Lusen bis hin zu den lieblichen Flusstälern von Regen und Ilz reicht. An der Grenze zu Tschechien liegt der Nationalpark, seit 50 Jahren eine Anlaufstelle für Naturfreunde. Gemeinsam mit dem tschechischen Sumava bildet er das größte Waldgebiet Mitteleuropas.

Luxus-Hütten: Das Forstgut ist der ideale Ausgangspunkt für Wanderungen durch den Nationalpark.

1 NATIONALPARK Vorbildliche Wildnis

Im Jahr 1970 als erster deutscher Nationalpark gegründet, hat der Bayerische Wald in vielerlei Hinsicht Maßstäbe gesetzt – sein Prinzip »Natur Natur sein lassen« ist längst Standard. Über 24.000 Hektar erstreckt sich die geschützte Fläche, die Kernzone nimmt zwei Drittel davon ein. Dort bleiben Fauna und Flora des Waldes und der Hochmoore sich selbst überlassen. Ein Wegenetz von 800 Kilometern zieht sich durch den Nationalpark und auf die Gipfel des Rachel, des Lusen und des Großen Falkensteins.

TIPP

Den besten Platz, um das grüne Meer von oben zu betrachten, bietet der 1,3 Kilometer lange Baumwipfelpfad von Neuschönau. Über 500 Meter windet sich die Rampe bis zur 44 Meter hohen Aussichtsplattform im Baumturm, www.neuschoenau.de

2 FORSTGUT Rückzugsort im Wald

Der Begriff Privatsphäre trifft es im Forstgut genau: Wer hier ein paar Tage verbringt, findet »Raum für wertvolle Zeit«, so beschreibt die sympathische Besitzerfamilie ihr Konzept. Die sieben schlicht-modern eingerichteten Hütten, jede aus einem anderen heimischen Holz gebaut, sind luxuriös ausgestattet mit Sauna und Kaminofen. Eine große Glasfront und die nicht einsehbare Terrasse mit dem immer warmen Badezuber öffnen sich zum Wald. Jeden Morgen wird ein reich gefüllter Frühstückskorb gebracht, www.forstgut.de.

TIPP

Eine schöne Wanderung durch die Gutswälder führt zur Ruine Weißenstein. Die Burg steht auf dem höchsten Punkt des Quarzriffs, das sich quer durch den Bayerischen Wald zieht. Zu Füßen der Burg liegt der »Gläserne Wald« aus 30 Glasbäumen, www.regen.de

Der Baumwipfelpfad von Neuschönau: Von hier oben lässt
sich die unberührte Wildnis
gut beobachten.

Durch den Nationalpark
Bayerischer Wald zieht sich
ein Wegenetz vor insgesamt
3000 Kilometern.

Wie im Märchenwald: Der Wanderweg durch die Sauß-bachklamm führt immer am Flusslauf entlang.

3 WALDKIRCHEN Widerständige Dichterin

Arme Emerenz Meier: Ein begabtes Mädchen, gefangen in der bäuerlichen Lebenswelt des späten 19. Jahrhunderts. Doch die Wirtstochter Emerenz, geboren 1874 in Schiefweg, macht das Beste daraus: dichtet im Dialekt, veröffentlicht, schreibt Briefe. 1906 wandert sie aus »ins Amerika« und muss auch dort weit unter ihren Möglichkeiten leben. Das Emerenz-Meier-Haus, das zugleich Auswanderermuseum ist, beleuchtet ihr Schicksal, www.born-in-schiefweg.de.

TIPP

Das Wirtshaus zur Emerenz ist im Erdgeschoss des Geburtshauses von Emerenz Meier eingerichtet. Es bietet saisonale und regionale Küche, www.wirtshaus-zur-emerenz.de

4 ST. ENGLMAR Alles, nur nicht langweilig

Das Praktische am Bayerischen Wald: Nicht jeder Ort muss alles können. Bodenmais hat viel Gastronomie, Furth im Wald liefert mit dem »Drachenstich« das größte Spektakel, und St. Englmar kann's mit Kindern. Das Angebot für Familien im hoch gelegenen Ort ist enorm: Sommerrodelbahn, Zipline, Achterbahn, Tubingrutsche, eine beschauliche Holzkugelbahn und der Waldwipfelweg, www.urlaubsregion-sankt-englmar.de.

TIPP

Es war dem Abriss geweiht, hätten sich die Wirtsleute nicht ins Prellerhaus verliebt und es 2009 bis 2011 sorgsam renoviert. Jetzt strömen die Gäste an Wochenenden (nur zu Fuß oder per Fahrrad erreichbar) und genießen die »hüttige Küche«, www.prellerhaus.de

5 ZWIESLERWALDHAUS

Abenteuer auf Zeit

Schlafen wie Henry David Thoreau, der Urvater aller Aussteiger! Über zwei Jahre verbrachte der amerikanische Autor im Wald in einer kleinen Holzhütte. Eine originalgetreue Kopie davon gehört zu den Themen- und Länderhütten des Wildniscamps am Falkenstein. Statt Strom und fließendem Wasser gibt es dort das reine Naturerleben. Unter der Woche belegen Schulklassen und Gruppen das Camp, am Wochenende und in den Ferien können auch Familien ihren Aufenthalt samt Programm unter www.waldzeit.de buchen.

TIPP

Der Rundgang ist im Glasmuseum Frauenau wörtlich zu verstehen, denn das Gebäude verläuft konzentrisch um den »inszenier-

St. Englmar hat für Kinder viel zu bieten, zum Beispiel einen Baumwipfelpfad (oben). Im Zwieslerwaldhaus gibt es weder Strom noch fließendes Wasser, dafür aber Natur pur (rechts).

ten« Glasofen herum, das Herzstück jeder echten Glashütte, und zeigt Kostenbarkeiten zerbrechlicher Kunst, www.glasmuseum-frauenau.de

6 HAUZENBERG Zeitreise in den Steinwelten

Als von den Alpen noch gar keine Rede war, gab es schon den Gebirgszug des Bayerischen Waldes, entstanden vor über 350 Millionen Jahren durch viel Plattentektonik und noch mehr Gneis, Granit und Quarz. Von diesen Gesteinen und der langen Erdgeschichte erzählen die Steinwelten. Das moderne Museum rund um den wassergefüllten Steinbruch hat sich zum Besuchermagneten entwickelt, www.granitzentrum.de.

TIPP

Immer am Flusslauf mit seinen dicken Felsbrocken entlang verläuft der sechs Kilometer lange Wanderweg durch die Saußbachklamm bei Waldkirchen, nur leicht ansteigend und so bezaubernd schön, dass man ewig weitergehen könnte, www.urlaub-in-waldkirchen.de

Das Kloster zieht Erholungs- und Sinnsuchende gleichermaßen an.

Rückzugsort im Grünen: Das Kloster Kostenz liegt auf 670 Metern Höhe im Vorderen Bayerischen Wald.

7 KLOSTER KOSTENZ

Über allen Wipfeln …

… oder jedenfalls über ziemlich vielen liegt das Kloster Kostenz auf 670 Metern Höhe im Vorderen Bayerischen Wald. Das Tagungs- und Erholungshaus zieht als gastliches Kloster oder als Hotel zur Einkehr Erholungs- und Sinnsuchende gleichermaßen an.

Durchs geöffnete Fenster duftet es nach frischer Mahd, die letzten Strahlen der Julisonne streichen über den Wald, die Glocke am kleinen Klosterturm schlägt um 21 Uhr noch einmal, bevor sie über die Nacht stillhält, so als wollte sie die Ruhe nicht stören, die über dem Garten von Kloster Kostenz liegt. Richtung Biergarten kann es mitunter lauter werden. Viele Tagungsgäste und Gruppen mieten sich in den einfachen Zimmern ein, die nicht selten ausgebucht sind. Früher diente die große Klosteranlage als Erholungsheim für Ordensmitglieder der Barmherzigen Brüder und ihre Familien, dann als Lungenheilstätte; seit vielen Jahren läuft ein allgemeiner Hotelbetrieb, den das frisch sanierte Hallenbad, die Sauna und der Fitnessraum in Richtung Wellness erweitern – wenn die Anlage auch ungleich bescheidener daherkommt als anderswo im touristisch perfekt erschlossenen Bayerischen Wald. Spiritualität und Spirit – der Komfort in Kostenz zeichnet sich durch klösterliche Schlichtheit aus. Die Zimmer sind zwar geräumig, aber vollkommen schmucklos, bis auf Bilder mit Granatäpfeln, dem Ordenssymbol der Barmherzigen Brüder, und die recht neuen Bäder. Auch der Speisesaal verzichtet auf Deko jeder Art und obendrein aufs Telefonnetz – das schafft auch Nähe unter den Einzelreisenden, die zur Essenszeit einfach zusammen platziert werden. Wer in eine solche Zufallsgruppe hineinlauscht, stellt fest, dass viele Kloster-Erfahrene am Tisch sitzen.

Die Spiritualität lässt sich bewusst suchen, in Kursen, Exerzitien und während sogenannter Einkehrtage oder sie fällt

UMGEBEN VON KLÖSTERLICHER SCHLICHTHEIT UND INMITTEN WUNDERBARER NATUR FINDEN GESTRESSTE STÄDTER WIEDER ZU SICH.

einem zu, wenn man sich über das Gelände treiben lässt und zufällig auf dem kleinen Friedhof im Wald landet. Dort liegen die Heiligen neben den Profanen, denn außer der Patres sind hier auf besonderen Wunsch hin auch einige wenige Gäste bestattet. Unter den Bäumen am Eingang sitzt dann vielleicht Pater Leodegar, bittet einen zu sich auf die Bank und hält aus dem Stegreif eine Predigt über die Seele, unbeschwert und herzlich. Sowas passiert einem in einem normalen Hotel eher nicht.

TIPP

Das Kostenzer Kursprogramm bietet mit Resilienz-, Natural-Healing- und Achtsamkeits-Seminaren das ganze Jahr hindurch viel Abwechslung. Die Übernachtung im Einzelzimmer kostet mit Frühstück 52 Euro, das Abendessen 16,50 Euro, www.erholung.barmherzige-kostenz.de

Barfuß durch die kühle, noch taunasse Wiese: Das Waldbaden führt aus der Alltagsroutine und in die Natur hinein.

Abschalten, die Natur auf sich wirken lassen und die Ruhe genießen!

WALDBADEN

Einmal durchatmen!

Wenn Körper und Geist gestresst sind, verheißt die Natur Erholung – das ist die Kurzformel des Waldbadens, das immer mehr Menschen in Deutschland für sich entdecken. Aber was ist denn eigentlich von einer Bewegung zu halten, bei der bestenfalls ein Hauch von Fichtennadelbad mitschwingt? Eine Assoziation allerdings, die mit dem Thema Waldbaden wenig bis nichts zu tun hat. Denn das Hinausgehen in die Natur, das Erleben ihrer Kraft bilden den Kern des japanischen Begriffs Shinrin Yoku, von dem sich der deutsche, etwas blumige Ausdruck Waldbaden ableitet.

In Japan gibt es Shinrin Yoku bereits seit fast 40 Jahren. Das Eintauchen in die Waldluft hat dort längst medizinische Weihen erreicht. Hunderttausende Japaner nutzen jedes Jahr das Wegenetz im nationalen Erholungswald Akasawa oder ergehen sich am Mount Mitake. Gut 67 Prozent von Japan sind von Wäldern bedeckt, in Deutschland ist es etwa ein Drittel der Fläche – ausreichend Platz fürs Waldbaden also, zum Beispiel im Bayerischen Wald.

An der Burgruine Ranfels gibt es einen Punkt, von dem aus rundum fast nur Wipfel zu sehen sind – bis auf ein kleines Kirchlein. Keine drei Kilometer entfernt liegt der Gruselsberg, der Einstieg für die Glück-to-go-Tour von Coachin Heidi Heigl. Die erste Station markieren moosbedeckte Findlinge im Buchenwald, in keltischen Zeiten ein Opferplatz, werden sie jetzt zum Denk-Ort.

Anschließend geht es sehr entspannt vorbei an Weiden und Waldrand – liegt es an Heidi Heigl oder an den Phytonziden? Die produzieren Pflanzen, um Schädlinge abzuwehren. Atmet sie der Mensch mit der Luft ein, können sie den Blutdruck und das Stresshormon Cortisol senken. Nach einer Pferdekoppel biegt der Weg in den sattgrünen Wald. Kein Auto weit und

IN JAPAN GILT SHINRIN YOKU LÄNGST ALS MEDIZIN – EIN BAD IM WALDE SOLL DAS IMMUNSYSTEM STÄRKEN UND DAS STRESSLEVEL SENKEN.

breit, kein Handyklingeln, keine Mails. Auf einer Lichtung lädt Heidi zur Meditation ein, zwischen Waldboden und Wipfeln fließen die Gedanken frei dahin.

Später dann barfuß gehen durch die Wiese: so kühl, noch taunass, so ungewohnt. Denn das Waldbaden führt aus der Alltagsroutine in die Natur, es schärft die Sinne und versöhnt mit dem Ich, zumindest an diesem Tag – und das ist schon eine ganze Menge.

TIPP

Coachin Heidi Heigl arbeitet mit dem Kammbräu in Zenting zusammen, einem weitgehend klimaneutral betriebenen Hotel mit ausgezeichnetem Restaurant und neu ausgebauten Zimmern, www.kamm-braeu.de, www.heidi-heigl.com.

Naturparadies: Der Schön-
buchwald ist ideal zum
Wandern und Radfahren.

SCHÖNBUCHWALD

Das grüne Herz Schwabens

Wo sich Hirsch, Hase und Wildschwein gute Nacht sagen, liegt der Schönbuch, ein einzigartiges Naherholungsgebiet und ältester Naturpark Baden-Württembergs. Das 156 Quadratkilometer große Waldgebiet zwischen Tübingen, Reutlingen, Böblingen und Herrenberg wird auch die grüne Lunge des mittleren Neckarraums genannt. Gucksend bahnt sich der Goldersbach seinen Weg durch den Naturpark. Sein glasklares, sauberes Wasser bietet auch seltenen Arten wie Eisvögeln und Wasseramseln Lebensraum.

Die Weiten des Schönbuchs und das ausgedehnte Wegenetz sind wie geschaffen fürs Radfahren oder Wandern. Besonders für Kinder sind die Wildgehege mit Rotwild und Wildschweinen die Highlights entlang des Weges, Lehrpfade bieten den Eltern interessante Infos über den Lebensraum Schönbuch. Über 250 Gedenksteine und Steinkreuze Zeugen früher Siedlungsgeschichte, erinnern an historische Ereignisse und Sagen. Spätestens beim Brutzeln der mitgebrachten Bratwurst an einem der öffentlichen Grillplätze mitten im Wald erscheinen die Sorgen des Alltags plötzlich in ganz weiter Ferne.

Blick auf Bebenhausen mit seinem sehenswerten Zisterzienserkloster. Der reizvolle Ort ist inzwischen ein Stadtteil Tübingens.

Bei einer Wanderung am Schönbuchtrauf bieten sich wunderbare Ausblicke bis hin zur Schwäbischen Alb.

1 BEBENHAUSEN   Perle des Schönbuchs

Umgeben vom Schönbuch liegt das denkmalgeschützte Dorf Bebenhausen, wo sich eines der am besten erhaltenen Zisterzienserklöster Europas aus dem 12. Jahrhundert befindet. König Friedrich I. baute 1807 das ehemalige Abtshaus zum königlichen Jagdschloss um. Geprägt wird der reizvolle Ort, von der dreifachen Ringmauer der Abtei und den markanten Dachreitern der Klosterkirche.

TIPP

Der Besuch von Kloster und Schloss ist im Rahmen einer Führung oder individuell mit Audioguide möglich. Eine Wanderung durch das angrenzende Goldersbachtal lohnt sich unbedingt, www.kloster-bebenhausen.de

2 SIEBENMÜHLENTAL   Es klappert die Mühle ...

Ein Ausflug ins Siebenmühlental bei Waldenbuch fühlt sich an wie eine historische Zeitreise. Allerdings sind es nicht sieben, sondern elf historische Mühlen, die entlang des fröhlich gurgelnden Reichenbachs liegen. Heute wird nur noch in der Eselsmühle gemahlen – zuschauen ist dabei jederzeit erlaubt. Abwechslungsreiche Rad- und Wanderwege führen von Mühle zu Mühle durch alten Baumbestand und an üppigen, wild blühenden Blumenwiesen mit schmatzenden Kühen vorbei.

TIPP

Wer sich stärken möchte, dem sei Bäckerei, Bio-Hofladen und Gartencafé der Eselsmühle ans Herz gelegt (www.eselsmuehle.de), ebenso der Biergarten der Mäulesmühle samt dem informativen Mühlenmuseum, www.maeulesmuehle.de

Ein Besuch des Zisterzienserklosters in Bebenhausen lohnt sich unbedingt (oben). Das Siebenmühlental lässt sich auch mit dem Rad gut erkunden (rechts).

3 BAUMHAUSHOTEL   Träumen in den Wipfeln

Siebenmal Villa Kunterbunt auf Stelzen – das ist das Baumhausdorf in Weil im Schönbuch. Jedes der fantasievoll gestalteten Häuser für bis zu 6 Personen ist komplett ausgestattet mit Schlaf-, Badezimmer und Küche und thematisch dem jeweiligen Namen entsprechend eingerichtet. In den windschiefen Wipfelsuiten Flaschengeist, Burggespenst oder Wetterfee kommen die angenehmen Träume ganz von selbst, www.oaseweil.de.

TIPP

Der Kamelhof Weil bietet tierisch gute Erlebnisse an: Wie wäre es zum Beispiel mit einem Achtsamkeits-Walk mit Lamas? www.kamele-weil-im-schoenbuch.de

4 SCHÖNBUCHTRAUF   Panoramawandern

Die faszinierende Vielfalt des Schönbuchs erlebt man auf dem 21,8 Kilometer langen Panoramaweg am Schönbuchtrauf von Herrenberg nach Unterjesingen. Schattige Waldwege führen vorbei an steilen Weinbergen, artenreichen Streuobstwiesen und geologischen Besonderheiten, begleitet von grandiosen Ausblicken bis zur in der Ferne bläulich schimmernden Schwäbischen Alb.

TIPP

Wer weniger Zeit mitbringt, kann sich die acht Kilometer lange Schönbuchspitzrunde ab Breitenholz oder die rund drei Kilometer längere Rundwanderung »Land.Tour SchönbuchTrauf« ab Herrenberg vornehmen.

SCHWARZWALD

Erleben mit allen Sinnen

Geheimnisvolle, dunkle Tannen- und Fichtenwälder, stille Seen und stolze Schwarzwaldhöfe bestimmen heute das Gesicht des Schwarzwaldes. Das war nicht immer so: Schon die Römer nannten ihn den »schwarzen Wald«, so dicht und undurchdringlich schien er ihnen. Ursprünglich ein Mischwald, bekam er erst durch den intensiven Holzabbau und die Wiederaufforstung mit Fichten seinen heutigen Charakter. In der inzwischen entstandenen Natur- und Kulturlandschaft finden zahlreiche Tierarten wie Rehe, Wildschweine, Füchse und Dachse ein Zuhause. Die unbelastete, belebende Luft, die Heilquellen und der traditionelle Charme der Ortschaften machen das größte Mittelgebirge Deutschlands zu einem attraktiven Naherholungs- und Urlaubsziel. Und die einsamen Wälder mit donnernden Wasserfällen in wildromantischen Schluchten, die glitzernden Seen inmitten blühender Wiesen sind ein Paradies für alle Outdoor-Fans. Auf 44 Genießerpfaden, sechs bis achtzehn Kilometer langen Wanderwegen, die alle ein bestimmtes kulinarisches oder kulturelles Genussthema aufgreifen, lassen sich Kultur und Natur auf höchst angenehme Weise verbinden.

Fernab der Zivilisation mitten im Wald das Zelt aufschlagen und sich an einem Lagerfeuer aufwärmen – im Schwarzwald ist das möglich!

Trekking von Camp zu Camp: Die Routen sind zwischen fünf und siebzehn Kilometer lang und bieten ein unverfälschtes Naturerlebnis.

Geheimnisvolle Wälder und stille Seen: Beim Trekking durch den Schwarzwald ist der hektische Alltag schnell vergessen.

1 TREKKING CAMP Im Einklang mit der Natur

Der Traum eines jeden Campers: Fernab der Zivilisation, mitten im Wald das Zelt aufzuschlagen, ein wärmendes Lagerfeuer zu entfachen und außer dem Knistern des Feuers, dem Rascheln der Bäume und dem Funkeln der Sterne nichts wahrzunehmen. Kein Licht, kein Lärm, keine Mitmenschen. Einfach nur: nichts.

Meist scheitert dieser Traum in Deutschland in der Realität an einem der genannten Störfaktoren oder daran, dass wildes Campen in der Regel verboten ist. Im Schwarzwald aber lässt sich dieser Traum seit 2017 erfüllen. Und das ganz legal! Insgesamt sechs Trekking Camps, die nur zu Fuß erreichbar und über GPS-Daten auffindbar sind, wurden im National- und Naturpark Schwarzwald geschaffen. Ausgestattet mit einer Feuerstelle sowie einem Kompost-Klohäuschen liegen sie meist in der Nähe eines Baches oder einer Quelle, Frischwasser frei Haus sozusagen.

Alles, was man für die Übernachtung und Verpflegung vor Ort benötigt, muss im Rucksack mitgebracht und selbstverständlich auch wieder mitgenommen werden. Allein dadurch beschränkt man sich auf das Wichtigste und merkt schnell, wie wenig es braucht, um glücklich zu sein – am allerwenigsten einen Internetanschluss. Nach nur kurzer Zeit konzentriert man sich auf das Wesentliche, die Natur und die Zeit miteinander. Und das tut richtig gut!

Maximal eine Nacht dürfen Naturbegeisterte vor Ort bleiben und jedes der Trekking Camps verfügt lediglich über drei Zeltplätze (pro Zelt maximal drei Personen). So bleibt das Erlebnis persönlich und einzigartig. Über Wanderrouten zwischen fünf und siebzehn Kilometern Länge lassen sich mehrere Trekking Camps miteinander verbinden. Die Routenvorschläge sind so konzipiert, dass man dabei kaum auf Zivilisation trifft. Schnell stellt sich das Gefühl ein, ganz weit von den Alltagssorgen und vom Rest der Welt entfernt

KEINE EMAILS, KEIN STAU, KEIN LICHT, KEIN LÄRM. DAFÜR DAS FUNKELN DER STERNE, DAS RASCHELN DER BÄUME UND EIN WÄRMENDES LAGERFEUER.

zu sein. Variantenreiche Pfade verbinden geschickt natürliche und historische Highlights miteinander und vermitteln so ganz nebenbei einen Eindruck von der Vielfalt des Schwarzwalds. Fazit: Eine Übernachtung in den Trekking Camps im Schwarzwald ist eine wunderbare Art, wild zu campen und der Natur richtig nahezukommen – eine gelungene Verschnaufpause vom Alltag!

TIPP

Die Trekking Camps können von Mai bis Oktober über die Webseite des Naturparks Schwarzwald gebucht werden. Je früher, desto besser, denn sie sind sehr beliebt. Müll muss wieder mitgenommen werden und für das Lagerfeuer (außer bei Waldbrandgefahr) darf nur am Boden liegendes Holz genutzt werden, www.naturparkschwarzwald.de/aktiv_unterwegs/trekking/

Romantisch und naturnah: Eine Wanderung durch die Schlucht der Gaishöll-Wasserfälle in Sachsbachwalden.

3 SCHWARZWALDCAMP

Glamping am Schluchsee

Übernachten in der Gondel Gisela, im Tipi oder im Baumzelt Willi? Klingt ungewöhnlich, ist aber möglich: im Schwarzwaldcamp, nur 200 Meter vom Schluchsee, dem größten See des Schwarzwalds, entfernt. Aber auch das eigene Zelt oder der Bulli finden ihr Plätzchen auf dem weitläufigen, einen Hektar großen Waldgelände des Camps. Hier geht es rustikal und naturnah zu – inklusive langer Abende am Lagerfeuer. Das entspannt und erdet – garantiert ohne Nebenwirkungen. Infos unter www.schwarzwaldcamp.com.

TIPP

Echtes Kanada-Feeling bei einer Kanufahrt auf dem Schluchsee? Oder doch lieber Stand-up-Paddeln? An der Kanustation rafftaff kann man sich das jeweilige Zubehör ausleihen. Eine ebenso schöne Alternative ist die 18 Kilometer lange Wanderung auf dem Seerundweg.

2 SACHSBACHWALDEN

Gehaltvoller Premiumweg

Einmal um Sachsbachwalden herum führt der zehn Kilometer lange Genießerpfad »Alde Gott Panoramarunde«. Den denkmalgeschützten Ortskern mit den weißen Fachwerkhäusern immer im Blick, führt der Weg zunächst durch die wildromantische Schlucht der Gaishöll-Wasserfälle, weiter an sonnigen Weinbergen vorbei, durch Kastanienwälder und über Streuobstwiesen. Hier und da am Wegesrand überraschen den Wanderer die legendären Schnapsbrunnen: Obstler, Liköre, Most und Säfte liegen zur Verkostung bereit – gegen einen kleinen Obolus.

TIPP

Der Sonnenuntergang in den Weinbergen mit Blick auf die Vogesen hat etwas Magisches und lässt sich am besten bei einem Picknick mit einer guten Flasche Wein genießen.

4 VOGTSBAUERNHOF So war's früher

Im Freilichtmuseum Vogtsbauernhof in Gutach, der Heimat des charakteristischen Bollenhuts, gewähren acht historische Schwarzwaldhöfe vom 16. bis zum 19. Jahrhundert samt Nebengebäuden einen realistischen Einblick in die Lebens- und Arbeitswelt im Schwarzwald zu früheren Zeiten. Zudem wird im täglichen Wechsel je ein traditionelles Handwerk vorgestellt. Am dritten Adventswochenende wird das Freilichtmuseum zur Kulisse für einen stimmungsvollen Weihnachtsmarkt, www.vogtsbauernhof.de.

TIPP

Als Anschlussprogramm ist ein weiterer Genießerpfad, der »Gutacher Tälersteig«, ein 12,8 Kilometer langer Premiumweg über die Höhen der westlichen Bergrücken bis zum Farrenkopf, bestens geeignet.

Wie anno dazumal: Das Freilichtmuseum Voctsbauern-hof macht Lust auf ein Leben im Offline-Modus.

Raus aus dem Alltag, rein ins Abenteuer! Im Schwarzwald-camp am Schluchsee kommen Outdoor-Freunde auf ihre Kosten.

Hüttenzauber: Wer dem Groß-
stadtstress entfliehen will, dem
sei ein Kurzurlaub auf der
urigen Bader Alm empfohlen.

5 BADER ALM Bad unter Sternen

Abgeschieden auf 700 Metern Höhe und versteckt in den Tiefen des Waldes von Hinter-Ibach liegt die Bader Alm-hütte. Urige, liebevoll dekorierte Hütten, Vogelgezwitscher und das Sprudeln des Quellbachs lassen den Alltag schnell vergessen. Aber das ist noch nicht alles: Ein Höhepunkt ist sicher das Baderitual unter freiem Himmel, bei dem man in mittelalterlicher Badekleidung in einem Holzzuber nicht nur durchgeknetet, sondern auch mit einem Salz- und Kreidepee-ling verwöhnt wird. Hinterher fühlt man sich wie neugeboren – versprochen!

TIPP

Ob Heu-, Zuber- oder Blütenbad, nach dem Wellnessprogramm warten ein Hüttenmenü und ein kuscheliges Nachtlager. Bikini oder Badehose, Handtuch, Bademantel und Badeschlappen nicht vergessen, www.bergdorf-bader-alm.de

6 OTTENHÖFEN Von Mühle zu Mühle

Der zwölf Kilometer lange Mühlenwanderweg im Mühlendorf Ottenhöfen führt durch reizvolle Täler und vorbei an charakte-ristischen Schwarzwaldhöfen und historischen Mühlen zurück in die Zeit, in der Mühlen eine wichtige Rolle im Leben der hier ansässigen Bauern spielten. Dank ehrenamtlicher Mühlenretter sind alle sieben Mühlen entlang der Strecke heute restauriert und teilweise funktionstüchtig. Durstig bleibt unterwegs keiner, denn es gibt Getränkestationen, an denen gegen geringes Ent-gelt Wasser, Apfelsaft, Bier und Schnaps verkauft wird. Für die Wanderung sollte man etwa vier bis fünf Stunden einrechnen.

TIPP

Die Vesperstube der Benz'schen Mühle, die zum denkmalge-schützten Bankenmühlenhof gehört, ist bekannt für ihre Bau-ernvesper mit selbstgebackenem Holzofenbrot – und sonntags gibt's Flammkuchen, www.benz-muehle.de

Von Mühle zu Mühle führt ein 12 Kilometer anger Wanderweg in Ottenhöfen.

Wellness mal anders: Nach einem Bad in einem dieser Holzzuber fühlt man sich wie neugeboren!

Die Weite des Horizonts, das stetige Meeres-Rauschen und die salzig-frische Brise: Ein Aufenthalt an der Ostsee ist Erholung pur!

TAKE ME TO THE WATER

Verwunschene Seen, raue Küsten, wilde Flüsse

»Panta rhei«, alles fließt, lehrte der griechische Philosoph Heraklit schon in der Antike – am deutlichsten erkennt man diesen Grundsatz des Lebens am Wasser. Wir kommen aus dem Wasser und dorthin kehren wir immer wieder zurück, denn Wasser ist lebendig und es ist Leben.

Man kann nie in denselben Fluss steigen, und auch die Seen und Ozeane sind ständig in Bewegung und Veränderung begriffen, sind nie dieselben und doch immer die Gleichen. Wasser übt eine tiefe Faszination aus, die uns im Innersten anspricht. Wir genießen die Weite und raue Kraft des Meeres, wo die steten Wellen, der Wind und die salzige Luft unsere Sinne zum Vibrieren bringen. Wir lieben die sanfte Schönheit verträumter Flüsse, die sich verspielt und gelassen ihren Weg durch die Landschaft suchen, und die ruhige Kraft der Seen, die alle Hektik vor uns abfallen lässt. Ob wir beim Segeln die Kraft des Windes spüren, beim Wattwandern und Kanufahren die Natur hautnah erleben, auf dem Hausboot gemächlich den Alltagsstress hinter uns lassen, in die entspannende Wärme von Thermalquellen eintauchen – Wasser tut uns einfach gut.

»5 X ABSCHALTEN UND RUNTERKOMMEN«

OSTFRIESLAND

Immer mit der Ruhe

Man scherzt hier gerne, dass Friesland zwar nicht die höchsten Berge der Welt besäße, wohl aber den mit Abstand längsten Berg – den Nordseedeich nämlich. Unscheinbar, wie er mit seinen paar Metern Höhe aussehen mag, so ist er doch eines der monumentalsten Bauwerke der Menschheit. In gut tausend Jahren gewachsen und aus dem Weltraum erkennbar trotzt er mit bewundernswerter Ruhe Wind und Wetter, Ebbe und Flut. Entschleunigen, Batterie aufladen, die eigene Mitte (wieder-)finden, die Seele baumeln lassen ... Dies alles sind Begriffe, die hier oben an den Küsten ihren Kern und Ursprung haben und schon die römischen Geschichtsschreiber beschrieben die eigenwillige Gegend mit großem Respekt. In vielen Dingen haben sich die Ostfriesen Teile dieser ursprünglichen, meditativen Entschleunigungstechniken erhalten. Besonders auffällig wird das bei der ostfriesischen Teezeremonie, die wie vor hundert Jahren langsam, mit Bedacht und Ruhe zelebriert wird. Zahlreiche Museen, Kirchen und andere »magische Orte« bieten dem Erholungssuchenden Räume der kontemplativen Betrachtung und inneren Einkehr.

Weite, Ruhe, Wind und Wetter: In Ostfriesland lässt es sich wunderbar entschleunigen.

Vom Holzbohlenweg aus lässt sich die einzigartige Natur- und Tierwelt des Ewigen Meers gut beobachten.

2 KLOSTER IHLOW — Ruhe und Besinnung

»Die Schule Gottes«, so hieß das ehemalige Zisterzienserkloster im Wald von Ihlow, das von 1228 bis 1529 bestand und bis zur protestantischen Revolution eine bedeutende Rolle spielte. 2007 wurde der Pilgerweg unter diesem Namen neu eröffnet – eine 40 Kilometer lange Trasse, die von Kloster Ihlow in 16 Stationen, vorbei an Kirchen, historischen Plätzen und heiligen Winkeln bis zur grandiosen Ludgerikirche in Norden führt. Diese größte mittelalterliche Kirche Ostfrieslands beherbergt die weltberühmte Schnitger-Orgel.

TIPP

Zu empfehlen sind das gemütliche Café und der interessante Klosterladen. Infos zum Pilgerweg und zu den Klosterführungen unter klosterinfo@ihlow.de, www.ihlow.de, www.kloster-ihlow.de

1 DAS EWIGE MEER — Ort voller Magie

Mitten in der weiten Landschaft zwischen Westerholt und Aurich liegt das Ewige Meer – mit 90 Hektar der größte Hochmoorsee Deutschlands. Rings herum ein Bohlenweg, gleichzeitig ein Lehrpfad mit zwölf Stationen und Zeuge einer Sensation: Hier verlief der älteste europäische Handelsweg. Die bei Torfarbeiten gefundenen Holzreste sind gut 4500 Jahre alt. Dazu einmalige Naturerlebnisse: Libellen, Kreuzottern, zahllose Wasservögel – ein Ort voller Magie, Nebelschwaden und mit einem bewegten Wolkenhimmel über der Weite des Wassers.

TIPP

Im Staatlichen Museum für Naturkunde und Vorgeschichte in Oldenburg sind die Funde aus hundert Jahren unermüdlicher Ausgrabungen zu sehen: Reste von Wagen, Deichseln, Rädern und vieles andere, www.naturundmensch.de

3 SPIEKEROOG — Autofreies Naturparadies

Die Insel bietet einen der schönsten Naturzeltplätze Europas, gut drei Kilometer vom Dorfkern entfernt, mitten hinter den Dünen. Eine wunderbare Oase und ideales Familien-Strandparadies, aber nichts für »Comfortcamper«. Die Gäste des Platzes appellieren denn auch an anders gestrickte Zeitgenossen: »Alle Camper, die eher auf Party, Bier und Schickimicki stehen, mögen hier bitte fernbleiben!« Eine autofreie Insel eben, auf der man es mit der Entschleunigung wirklich ernst meint! Eine 20-minütige Dünenwanderung führt am Strand entlang zum Inseldorf und zum Hafen.

TIPP

Der Platz ist nur von Anfang Mai bis Mitte September geöffnet. Die Anreise erfolgt mit dem Schiff von Neuharlingersiel, eine Reservierung ist zu empfehlen, www.zeltplatzkiosk-spiekeroog.de

Wo einst das Zisterzienser-kloster Ihlow stand, lädt heute eine Imagination aus Holz und Stahl dazu ein, für einen Moment innezuhalten.

Auf Spiekeroog macht man es sich am besten in einem Strandkorb gemütlich und genießt die Weite des Meeres.

Der nächste Strand ist auf der nur 500 Meter breiten und 17 Kilometer langen Insel nie weit entfernt.

In Sachen Entschleunigung können wir von dieser Robbe einiges lernen.

Die Pferdekutsche ist auf der autofreien Insel Juist ein echtes Fortbewegungsmittel.

4 JUIST
Entdeckung der Langsamkeit

Beschaulich, nicht behäbig; bodenständig, aber nie bräsig; umweltbewusst, aber nicht betulich – das »Töwerland« (Zauberland) ist im Gegenteil frisch, fit und ehrgeizig. Ausgezeichnet mit dem Orden »Die schönste Sandbank der Welt«, ist es nicht nur klimatisch ein Paradies, nämlich einer der sonnenreichsten Orte Deutschlands. Und das für einen kleinen, ausgesuchten Kreis: keine Touristen, sondern Gäste mit Zeit und Interesse an der Natur und deren Schutz, an Licht und Luft, Gesundheit und Ruhe. Dazu Sandbänke, Seehunde, Sanddornbüsche ... Das 1990 eröffnete Nationalpark-Haus Juist hat seinen Sitz im alten Inselbahnhof direkt am Kurplatz und bietet vielfältige Informationen zum Nationalpark Wattenmeer.

Mit der Entschleunigung fängt es schon bei der Anreise an: Juist ist zwar nur sieben Kilometer vom Festland entfernt, aber voll tideabhängig, was einen Tagesausflug praktisch ausschließt. Das Minimum für einen Aufenthalt ist also ein verlängertes Wochenende. Dann kann man den Zauber der Insel auf sich einwirken lassen. Gemütlich und vorsichtig pflügt die Frisia-Fähre gut eineinhalb Stunden lang vom Norddeicher Hafen herüber – der Weg durch Priele, Sandbänke und Wattbäuche ist heikel.

Wer ankommt, schnappt sich Bollerwagen oder Rad oder mietet sich eine Pferdekutsche, auf der autofreien Insel Juist ein echtes Verkehrsmittel! Und wer hat nicht als Kind davon geträumt, mal eigenhändig einen echten Ponywagen lenken zu dürfen? Gemütlich zuckelt die Kutsche entlang an verwehten Dünen und Salzwiesen ins Dorf.

1636 standen auf Juist ganze 22 Häuser. Man (über-)lebte mühsam von „Strandbeute", karg und eher am Hungertuch nagend. Heute verwöhnen 1.700 Einwohner ihre Gäste, die sich auf der 17 Kilometer langen Insel an endlosen Stränden verlieren.

ENTSCHLEUNIGUNG WIRD AUF JUIST GROSSGESCHRIEBEN – DAS FÄNGT SCHON BEI DER ANREISE AN: DIE FÄHRVERBINDUNGEN SIND VOM TIDENHUB ABHÄNGIG.

Juist und die kleine Nachbarinsel Memmert im Südwesten sind Rastplatz vieler Wasservögel. Um auf der ruhigsten der Inseln noch weiter offline zu gehen, kann man raus zur Aussichtsdüne am Westende radeln, im Norden das offene Meer. Besonders beliebt ist auch die Wanderung zum Naturschutzgebiet Bill am Juister Westende. Am Horizont gen Westen liegt nur noch der Außenposten Borkum, dahinter ist die holländische Küste zu erahnen, im Osten folgt die mondäne Schwester Norderney.

TIPP

Eine wunderschöne und ruhige Unterkunft ist das Gästehaus Weberhof, das unweit des Hauptdorfes liegt, www.weberhof-juist.de. Die sieben Kilometer westlich gelegene Domäne Bill bietet die passende Schlemmeroase, Tel. 04935/1212.

ST. PETER-ORDING

Wellen, Wind und Weite

Charakteristische Pfahlbauten, feinster Sand und eine immerwährende, salzige Meeresbrise: Am zwölf Kilometer langen und zwei Kilometer breiten Strand von St. Peter-Ording findet jeder sein Plätzchen am Meer. Die Zehen im Sand vergraben kann man hier, vom Wind geschützt, in einem der gestreiften Strandkörbe dem beruhigenden Rauschen des Meeres lauschen und sich anschließend in einem der Pfahlbauten eine Tasse Kakao gönnen.

Die größte Sandkiste Deutschlands, wie der ehemalige Kurort auch liebevoll genannt wird, verfügt über fünf Strandabschnitte, die so unterschiedlich sind wie die vier Ortsteile, an die sie grenzen: Vom ruhigen St. Peter-Böhl über das idyllische St. Peter-Dorf, das quirlige St. Peter-Bad bis hin zum sportlichen Ording ist hier für jeden etwas dabei. Die auf dem Deich gelegene Dünentherme ist nicht nur die perfekte Adresse für die Sauna mit Meerblick, sondern erlaubt auch bei »Schietwetter« ein Bad im wohltemperierten Meerwasser. Rund um St. Peter-Ording lädt eine vielfältige Landschaft aus Dünen, Salzwiesen und Kiefernwäldern zu Erkundungstouren ein und zum Abschalten.

Am 12 Kilometer langen
Strand von St. Peter-Ording
findet jeder einen gemütlichen
Strandkorb.

Postkartenidyll: Der rot-weiß-gestreifte Leuchtturm Westerheversand ist das Wahrzeichen der Halbinsel Eiderstedt.

2 WESTERHEVER Über die Salzwiesen

Rot-weiß gestreift und flankiert von zwei kleinen Leuchtturm-wärterhäuschen – der Leuchtturm Westerheversand ist Postkartenmotiv und Wahrzeichen der Halbinsel Eiderstedt. Man erreicht ihn von St. Peter-Ording aus am besten auf einer Radtour immer am Deich entlang, zwischen friedlich grasenden Schafherden. Ein 45-minütiger Fußmarsch durch die Salzwiesen trennt den Deich vom Leuchtturm, den man auch besichtigen kann (Anmeldung unter www.westerhever-nordsee.de). Im Sommer empfiehlt sich der Rückweg zum Deich über den historischen Stockenstieg, einen 1906 angelegten, mit Klinkern befestigten Fußweg.

TIPP

Auf dem Heimweg lohnt sich ein Abstecher zum Landcafé éclair, das selbstgemachte Kuchen mit Blick auf den Obstgarten anbietet, www.landcafe-eclair.de

1 NORDSEE Schatzkiste der Natur

Ob Wattwandern, Muschelsuchen oder ein Streifzug durch Salzwiesen und Dünen: In St. Peter-Ording gibt es unzählige Möglichkeiten, sich die Meeresbrise um die Nase wehen zu lassen und aktiv zu sein. Besonders empfehlenswert ist eine geführte Wanderung der Schutzstation Wattenmeer durch das UNESCO Weltnaturerbe Deutsches Wattenmeer auf der Suche nach den geheimnisvollen »Small Five«. Wer am Strand nach Muscheln sucht, könnte – vor allem nach Stürmen oder Springflut – Glück haben und auf Bernstein stoßen.

TIPP

Das Bernsteinmuseum im Ortsteil Dorf hat sich ganz dem »Gold der Nordsee«, wie Bernstein auch genannt wird, verschrieben und stellt die spektakulärsten Funde aus den letzten 50 Jahren aus, www.nordsee-bernsteinmuseum.de

3 NORDSEEFLAIR Kate oder hippes Motel

Direkt hinter den Dünen von St. Peter-Ording kombiniert das hippe Beach Motel maritime Nordsee-Elemente mit amerikanischem Strandhaus-Feeling – eine gelungene Mischung. Wer es lieber traditioneller mag, schlüpft im Kathmeyer's Landhaus Godewind, einer historischen Reetdachkate, unter. Diese diente übrigens auch als Filmkulisse für die 1990er-Jahre-Kultserie »Gegen den Wind«. Ideal für einen Wellnessurlaub ist das Strandgut Resort wegen seiner Lage am Strand und dem direkten Zugang zur Dünentherme.

TIPP

Hotelgäste im Strandgut Resort erhalten ermäßigten Eintritt in die Dünentherme. Infos unter www.beachmotel-spo.de, www.kathmeyers.de, www.strandgut-resort.de

Auch die Schafe fühlen sich wohl in der weiten Deichlandschaft.

20

WILLKOMMEN

Typisch Nordsee: Vor allem im Ortsteil Dorf trifft man auf hübsche Backsteinhäuser mit Reetdach.

NORDFRIESISCHE INSELN

Rundum-Erholung im Heilklima

Weit ist das Land, der Strand, der Horizont: endloser Himmel über den Deichen, den Wiesen und dem Wattenmeer. Kein Wunder, dass dies zu allen Zeiten der Sehnsuchtsort von Künstlern und Literaten war. Niebüll, zu Füßen des Hindenburgdamms vor Sylt, in Sichtweite sind die Inseln Föhr und Amrum. Von Schüttsiel aus starten die Touren in den Nationalpark Wattenmeer, im Herzen der einmaligen Welt der Halligen. Oder darfs eine geschichtliche Deichwanderung über Dagebüll sein, eine Radtour auf dem Bülldeich bis Husum, der »grauen Stadt am Meer«, die Theodor Storm weltberühmt machte? Ein Sprung nach Sylt, auf die mondäne Insel voller Gegensätze: Nachtleben oder einsame Dünen, Millionärskaten oder Rotes Kliff. Dafür auf Amrum endlos weite Sandstrände. Und auf Föhr erwartet uns die urige, reetgedeckte Gemütlichkeit in den Friesenhäusern. Weiter durchs Watt stößt man schließlich auf die einsame Welt der Halligen, deren Kontraste, Farben und einmalige Naturschauspiele begeistern. Nordfriesland bietet Erholung für Körper und Geist, gestreichelt von Sonnenstrahlen und einer sanften Brise oder umtost vom Sturm und der Gischt gewaltiger Brecher.

Einmal tief durchatmen und den Alltagsstress abschütteln: Zwischen den Dünen auf Amrum funktioniert dies besonders gut.

Auf Amrum führen Bohlenwege durch Heide und Dünen.

2 FÖHR — Karibikflair in Friesland

Friesische Karibik? Föhr, die zweitgrößte Nordfrieslandinsel, macht es möglich: kilometerlange Sandstrände, sattgrüne Natur und ein mildes, vom Golfstrom begünstigtes Seeklima, traumhaft schöne Sonnenuntergänge. Im Zentrum die mehr als 200 Jahre alte Inselhauptstadt Wyk. Hier entstand 1819 das erste staatlich anerkannte Seebad. Inspiriert von der Insel, arbeiteten Schriftsteller wie Hans Christian Andersen, Theodor Storm und Theodor Fontane auf dem Eiland, Walzerkönig Johann Strauß verbrachte seine Hochzeitsreise hier.

TIPP

Wer es lieber etwas ruhiger mag, besucht die elf romantischen Friesendörfer. Zudem laden über 200 Kilometer leicht zu befahrene Radwege zu ausgedehnten Touren ein, möglichst immer den Wind im Rücken.

1 AMRUM — Ein Planet mit Glücksgarantie

Es gibt für eine geschundene Seele, einen belasteten Körper nichts Gesünderes als das tiefe Durchatmen auf einer Insel: zum Beispiel zwischen den Dünen, gleich dahinter der Kniepsand, der Strand von Amrum. Eine Besonderheit auf Amrum ist der Wald. Tief im Inselinneren mitten im Wald liegt ein Ort, den viele Gäste magisch nennen: die alte Vogelkoje. Weil die Ruhe, die ihn umgibt, so unbeschreiblich ist. Fünf Inseldörfer mit alten Reetdach-Schönheiten und vor allem kein Autoverkehr auf der ganzen Insel. Alles wird mit Karren über die Insel bewegt.

TIPP

In 90 Minuten kommt man mit dem Rad einmal um das knapp zehn Kilometer lange Eiland herum. Da die Insel nicht sehr breit ist, kann man gut zwischen Watt- und Strandseite oder Heide und Salzwiese wechseln – je nach Brise.

3 PELLWORM — Zwischen Schafen, Seedeich und Wattenmeer:

Zwei Geistesgrößen haben hier auf alle Zeiten Spuren hinterlassen: Detlev von Liliencron, der 1882/83 seine Ballade »Trutz, blanke Hans« schrieb, und Arp Schnitger. Ein Werk dieses berühmten Orgelbauers von 1711 beherbergt die aus dem 11. Jahrhundert stammende Kirche St. Salvator. Ein fast zehn Meter hoher und 28 Kilometer langer Seedeichring, der 13 Köge umschließt, dem Meer in langen Jahrhunderten abgetrotztes Marschland, versucht diese unersetzlichen Schätze gegen den »Blanken Hans« zu verteidigen.

TIPP

Pellworm bietet abwechslungsreiche Radtouren mit beeindruckender Natur – beispielsweise die Süderrunde, 18 Kilometer lang bis zum Leuchtturm. Der ist mit über 40 Metern Höhe ein deutlich sichtbares Wahrzeichen Pellworms.

Sie haben die Ruhe weg:
Auf Föhr leben etwa
6.000 Schafe.

Mit gut 40 Metern Höhe ist
der Leuchtturm das höchste
Bauwerk auf Pellworm.

Touren durchs Watt sollte man unebdingt mit einem kundigen Wattführer unternehmen.

Eine der schönsten Beschäftigungen im Urlaub: Muscheln sammeln.

DAS WATTENMEER
Maritime Entschleunigung

Im Juni 2019 feierte das Wattenmeer sein zehnjähriges Jubiläum der Aufnahme in die UNESCO-Welterbeliste. Dies wurde überall im Watt in vielen Orten auf unterschiedliche Weise begangen, zum Beispiel mit besonders interessanten Touren über den Meeresgrund. Eine Führung durch das Wattenmeer gehört wohl zu den faszinierendsten Erlebnissen, die der Nationalpark zu bieten hat. Wer sich ins Watt begibt, sollte dies ausschließlich mit einem kundigen Wattführer tun. Dieser hat nicht nur spannende und lehrreiche Geschichten zu erzählen, sondern weiß vor allem auch, wie Wetter, Ebbe und Flut den Weg beeinflussen.

Auf der Tour quer durch Matsch, Wasserrillen und Muschelteile fliegen den Wanderern die großen und kleinen Sensationen nur so um die sieben Sinne. Der Blick auf die endlosen Weiten der Wattlandschaft, die Ruhe, das Schmatzen unter den Füßen – und natürlich das wohltuende Heilklima der Nordsee: Eine schönere Art runterzukommen ist kaum denkbar!

Watt, das bedeutet: Mehr Biomasse als in jedem Urwald, zum Beispiel Zehntausende Schlickkrebse in jedem Kubikmeter Wattboden. Rundherum die Spuren des Wattwurms. Unablässig frisst er Sand und filtert dabei die organischen Stoffe heraus. Die Tiere fressen sich einmal im Jahr durch die gesamte obere Sandschicht. Das Wattenmeer hat eine Zwitterstellung zwischen Meer und Land. Die hohe biologische Produktion dieses Übergangsbereiches bedingt seine ökologische Schlüsselfunktion. Das organische Material, das sich hier sammelt, steht als Nahrungsgrundlage für ungefähr 200 Arten von Plankton zur Verfügung, das wiederum die Nahrung für Millionen von Watt- und Wasservögeln bildet. Gleichzeitig wirkt es als Stickstoff-Falle und reinigt das Wasser der Nordsee.

DIE ENDLOSE WEITE, DIE RUHE UND DAS WOHLTUENDE HEILKLIMA: EINE WANDERUNG DURCHS WATT IST BALSAM FÜR KÖRPER UND SEELE!

Touren durchs Watt, über den trockengefallenen Meeresboden, werden an allen Küsten angeboten: Ein Klassiker ist die Tour von Cuxhaven-Sahlenburg zur Insel Neuwerk (Informationen zu geführten Touren unter www.tourismus.cuxhaven.de). Unter sachkundiger Anleitung wandert man in Gruppen die wohl unvergesslichsten zehn Kilometer, die man im Weltnaturerbe Wattenmeer erleben kann, in etwa drei Stunden hinüber auf eine der faszinierendster Inseln der Nordsee. Auf Neuwerk kommen übrigens auch Schatzsucher auf ihre Kosten: In den Weiten des Watt kann man sehr gut Bernstein sammeln!

TIPP

Ein magisches Erlebnis sind auch Expeditionen ins Nachtwatt unter dem unendlichen Sternenhimmel. Auf www.schutzstation-wattenmeer.de finden sich entsprechende Angebote der Stationen entlang der schleswig-holsteinischen Nordseeküste und auf den Inseln. Darunter auch eine lyrische Abendwanderung auf Husum, die in Sagen und Gedichte rund um die Nordsee einführt.

RÜGEN

Ein Geschenk der Götter

Von den Kultstätten der Slawen am Kap Arkona über die Ka-
perzüge der Piraten und das Kraft-durch-Freude-Zentrum der
Nazis in Prora bis hin zu den Bernsteinsuchern an der silbernen
Küste, den Kreidefelsenkletterern an den strahlend weißen, von
Caspar David Friedrich so genial verewigten Wissower Klinken
und den nach Ruhe fahndenden Touristen von heute, liegt historisch ein weiter Weg. Aber die Motive der Licht- und Seelen-
heilsuchenden sind seit mindestens 2 000 Jahren im Kern dieselben geblieben, nur die entsprechenden Götter haben Namen
und Botschaft leicht verändert, je nach Mode. Zwischen den
Leuchttürmen am Kap Arkona, den Märchenvillen über den Mu-
schelkalkklippen, den Sonnenanbetern an den Stränden südlich
davon und der bezaubernden Altstadt von Sassnitz, flaniert der
Mensch von heute, wartet darauf, dass seine Seele hinterher-
kommt und atmet die sanfte, milde Ostseebrise wie Arznei. Die
einen suchen mondäne Badeorte, die anderen beobachten gemütlich faulenzende Seehunde an den schier endlos wirkenden
Stränden. Gleich geblieben ist auch der Atem der Götter, der
sich in alle Köpfe und Poren der Gäste legt, bezaubert vom Sin-
nesrausch dieser Landschaft – wie Brahms, der hier Inspiration
für seine erste Sinfonie tankte, beseelt von Klima und Frieden...

Die berühmten Kreidefelsen
sind das Wahrzeichen der
Ostsee-Insel Rügen.

Bei Baabe wartet ein Fischerboot
auf seinen Einsatz.

2 PRORA Der Koloss von Rügen

Wer nicht nur die magischen Orte für Sonnenanbeter an den Stränden von Sellin bis Sassnitz im Sinn hat und den Kurterrassen von Binz nicht zu viel Zeit opfern möchte, besucht die grandios gescheiterte, größte Badeanstalt der Welt, Prora. 1936 größte Baustelle Europas, danach größte Ruine – ohne direkte Kriegseinwirkung. Zwischen den lange leerstehenden Nazi-Klötzen, für die nach und nach doch Investoren gefunden werden, ist viel Platz zum Flanieren und Entdecken – und dazu ein bemerkenswert schöner Strand.

TIPP

Ein Besuch des Dokumentationszentrums Prora mit der Dauerausstellung MACHT Urlaub lohnt unbedingt. Man erfährt viel über die staatliche Organisation der Freizeit im Nationalsozialismus und deren machtpolitische Bedeutung, www.proradok.de

1 GÖHREN Seebad an der Silberküste

Als Caspar David Friedrich die weißen Kreidefelsen für die Ewigkeit festhielt, war der Jasmunder Bodden, die silberne Küste von Rügen eher Eingeweihten ein Begriff. Heute muss sich der Ruhe suchende Mensch schon genauer informieren, welche Ecke der Insel er sich aussucht. Garantiert fündig wird man im ehemaligen Fischer- und Lotsendorf Göhren auf der Halbinsel Mönchgut, seit 1165 urkundlich bekannt, seit 1878 Seebad. Von 1899 an bis heute verbindet die Schmalspurbahn Rasender Roland die Badeorte Baabe, Sellin, Binz und Putbus. Die nur 30 km/h schnelle Fahrt mit der Schmalspureisenbahn ist ein wahrhaft entschleunigendes Erlebnis!

TIPP

Im Dünenwald Richtung Baabe gibt es direkt am Meer einen abseits gelegenen Campingplatz,
www.regenbogen.ag/goehren

3 RALSWIEK Wiege Rügens

Ralswiek ist der älteste Ort am südlichsten Punkt des Großen Jasmunder Boddens und war bereits 1311 bedeutender Seehafen. Bis Russland und Persien trieb man Handel, einige der reichen Adelsfamilien bauten sich hier Schlösser. Prächtig das Douglas-Schloss im französischen Renaissance-Stil, heute ein Hotel, mit großem Landschaftspark, der zum stundenlangen Flanieren einlädt. Hügelgräber der Wikinger und die Überreste eines Walls auf dem Schlossberg geben Hinweise auf eine noch frühere Besiedelung.

TIPP

Seit 1993 können Urlauber ihren Besuch mit den Störtebeker Festspielen krönen, ein Naturbühnen-Spektakel mit Schiffen, Pferden, Piraten und Feuerwerk, www.stoertebeker.de

Das Seebad Prora hat einen wunderschönen Strand und bietet Erholung abseits des Massentourismus.

Die Störtebeker Festspiele entführen in vergangene Tage.

USEDOM

Naturnah auf der Sonneninsel

Sanft streicht der Wind durch die Dünen und das Kreischen der Möwen vermischt sich mit dem Rauschen der Ostsee... Eine Momentaufnahme auf Usedom, der zweitgrößten Insel Deutschlands. Usedom ist einzigartig – aufgrund der überdurchschnittlich vielen Sonnenstunden, der 42 Kilometer feinster Sandstrände sowie der Tatsache, dass es sowohl zu Deutschland als auch zu Polen gehört. Ein dichtes Netz von über 200 Kilometern an Radwegen mit geringen Steigungen macht Usedom zudem zu einem Paradies für Radfahrer. Große Teile der Insel gehören zum 632 Quadratkilometer großen Naturpark Usedom mit weiten Wiesen, tiefblauen Seen und mystischen Wäldern, der sich hervorragend zur Beobachtung verschiedenster Vogelarten, darunter auch Seeadler, eignet. Abseits der quirligen Strandbäder an der Ostseeküste findet man auf Usedom selbst in der Hochsaison noch ruhige Ecken. Die Halbinsel Gnitz zum Beispiel verspricht erholsamen, naturnahen Urlaub. Hier lädt die Nebensaison zu Wanderungen an einsamen Ostseestränden und Radtouren im Hinterland, zum Pilzesammeln in den Kiefern- und Buchenwäldern und zum Drachensteigen am Strand ein.

Die berühmte Seebrücke
in Ahlbeck ist die älteste in
Deutschland.

Die Inselsafari führt zu zu den entlegenen Ecken der Insel – leckeres Picknick inklusive!

2 INSELSAFARI Abenteuer draußen

»Draußen ist unsere Leidenschaft« ist Motto und Programm der Inselsafari. Ortskundige Naturführer zeigen auf Jeeptouren ein Usedom abseits geteerter Straßen und Touristenströme. Im Fokus der Tour stehen historisch interessante Orte, versteckte Seen und verwunschene Wälder samt ihrer tierischen Bewohner. Kulinarisch werden die Teilnehmer mit liebevoll zubereiteten Picknicks verwöhnt und ein bisschen Abenteuerluft darf schnuppern, wer sich traut auf dem Dach des Jeeps mitzufahren.

TIPP

Die Inselsafari wird ganzjährig angeboten. Im Sommer wird zur regulären siebenstündigen Tour eine neunstündige Tour angeboten. Dem Wetter angepasste Kleidung ist unbedingt zu empfehlen, www.insel-safari.de

1 HALBINSEL GNITZ Usedoms Naturoase

Gefühlsmäßig meilenweit, tatsächlich aber nur wenige Kilometer vom Strandbad Zinnowitz entfernt, findet man auf der Halbinsel Gnitz eine andere Seite Usedoms – naturnah, ruhig und ursprünglich. Die Halbinsel besticht durch ihre vielfältigen landschaftlichen Reize, die besonders im Naturschutzgebiet Südspitze Gnitz zutage treten. Der dort gelegene, 32 Meter hohe Weiße Berg mit seiner einzigartigen Steilküste ist die Heimat vieler bedrohter Tier- und Pflanzenarten. Ein Muss für Naturfans und Vogelbeobachter!

TIPP

Die ideale Unterkunft auf Gnitz ist das denkmalgeschützte Gutshaus Neuendorf von 1820. Das baufällige Gebäude wurde mit moderner Technik und nach ökologischen Standards nachhaltig restauriert und beherbergt heute Ferienwohnungen, www.gutshaus-neuendorf-usedom.de

3 TRABI FAHREN Usedom nostalgisch

Auf Zeitreise mit dem Kultauto der DDR – das ist auf Usedom möglich! Unterwegs mit einem farbenfrohen Trabant-Cabrio genießt der Trabi-Fan das Fahrgefühl aus längst vergessenen Tagen und lässt das Hier und Jetzt ganz weit hinter sich. Ausgestattet mit Insidertipps lassen sich auf dieser nostalgischen Reise die schönsten Ecken der Insel erkunden. Eine besondere Art der Entschleunigung und eines der letzten Abenteuer auf Deutschlands Straßen.

TIPP

Den Trabi mieten ist bei Fun-Car-Rent in Bannemin auf Usedom möglich. Ob das Vergnügen drei Stunden, einen Tag, ein Wochenende oder eine Woche dauern soll, entscheidet jeder für sich selbst, www.trabimieten.de

Die Halbinsel Gnitz ist ein Paradies für Naturfreunde und Vogelbeobachter.

Nostalgiker können mit einem Trabi die schönsten Ecken der Insel erkunden.

Ein paar Meter nur trennen Lühesand vom Festland – das Lebensgefühl aber ist ein vollkommen anderes!

Für Strom müssen die Gäste selbst sorgen – einige Camper haben daher Solarzellen auf ihren Dächern.

LÜHESAND

Elbinsel vor den Toren Hamburgs

Die Elbinsel Lühesand, etwas unterhalb des Stader Kraftwerks, ist bisher nahezu unbekannt. Gegenüber vom Elbufer liegt der schönste Strandabschnitt »auf dem Kontinent«, die Karibik der Elbe bei Hetlingen, oder alte Schwedenschanze genannt, die schon um 600 besiedelt worden sein soll. Ein paar Meter sind es nur herüber vom Deich, hinter dem die Obstbauern wohnen, und doch ist es ein Zeitsprung, der zu spüren ist.

Begrüßt werden wir von einem kleinen grünen Platz, auf dem Bollerwagen und Schubkarren warten, die einzigen zugelassenen Gefährte auf dem Mini-Eiland, das zwar etwa drei Kilometer lang, aber teilweise nur 500 Meter breit ist. Ein paar Wege winden sich um verwunschene grüne Parzellen, hier oder da blinkt ein Wohnwagen durch, ein paar Zelte sind ziemlich willkürlich irgendwo platziert, weitab von Nachbarn, mal verborgen unter dickem Bewuchs, mal offen auf warftenähnlichen Erderhöhungen gebaut, mit direktem Blick auf die Elbe. Das ist das Besondere hier: Es gibt keine klassische Parzellenstruktur, Wohnwagen und Zelte stehen nicht dicht an dicht. Überall Vogelgezwitscher – ein ganzjähriges Vogelparadies, dessen südöstlicher Teil unter Landschaftsschutz steht.

Für die Menschen, ob Langzeitbewohner aus Stade oder Kurzbesucher aus dem Süden, die sich die wildesten und außergewöhnlichsten Plätze Deutschlands aussuchen, ist es die Standardformel: »Die Ruhe, die Natur, und die entspannte Atmosphäre auf dem Platz – viel Raum für alle und keine strengen Regeln.« Holger Blohm ist seit 1987 jeden Sommer aktiv – in der dritten Generation. Sein Großvater hat einst das Gasthaus auf Lühesand gebaut und seinem Vater irgendwann übergeben. Damals lebte die Familie noch ganzjährig hier – immer im Kampf mit Sturm, Fluten und Eiseskälte. Gepflegte Toiletten und Duschen gibt es in der Nähe der

LÜHESAND, DIE GEHEIME, KLEINE FLUSSINSEL MITTEN IM REISSENDEN STROM, VOR DEN TOREN DER METROPOLE HAMBURG – OFFEN FÜR EINGEWEIHTE UND BESONDERS GESTRICKTE RUHESUCHER.

Gaststätte – für Strom und alles andere müssen die Gäste sorgen.

All das macht erfinderisch. Man sieht Solarzellen auf den Dächern und Menschen sind hier und da mit Wasserkanistern unterwegs. Die Natur profitiert davon und bleibt so verwildert und urwüchsig, wie sie war und ist. Diese Insel ist die perfekte Anlaufstelle für alle, die inmitten wunderbarer Natur eine echte Auszeit nehmen wollen!

TIPP

Fährverkehr nur von März bis Oktober. Kurzcamper können auf der Insel übernachten, für Wohnwagen gibt es Saisonplätze. Infos unter www.luehesand.de. Fragen zum Gasthaus und Mietwohnwagen an Familie Gosch (Tel. 04142-880044 oder 0176-24606985)

MECKLENBURGISCHE SEENPLATTE

Land der tausend Seen

Ein Urlaub an der Mecklenburgischen Seenplatte bedeutet Urlaub am oder auf dem Wasser. Denn schließlich fügen sich hier über tausend Seen und ein Netz von 600 Kilometern an Flüssen und Kanälen zum größten Wassersportrevier Mitteleuropas zusammen. Darüber hinaus ist die Mecklenburgische Seenplatte mit einmaligen Naturschätzen gesegnet: Dem 322 Quadratkilometer großen Müritz-Nationalpark, dem UNESCO-Weltnaturerbe »Alte Buchenwälder« und sechs herausragenden Naturparks – alles direkt vor den Toren Berlins, das gerade mal eine Stunde Bahnfahrt entfernt liegt.

Egal ob beim Paddeln, Segeln, Wandern, Radfahren oder beim Urlaub auf dem Hausboot – bei den riesigen Ausmaßen der Mecklenburgischen Seenplatte findet jeder ein ungestörtes Plätzchen. Dabei übt nicht nur die Vielzahl der Gewässer, sondern auch die umliegende, abwechslungsreiche Landschaft einen ganz besonderen Charme aus. Geschützte Naturgebiete, verträumte Dörfer, charmante Gutshöfe und verwunschene Schlösser wechseln sich ab und laden zum Landgang ein. Wer über Nacht bleibt, dem bietet sich ein von Lichtverschmutzung ungetrübter Blick in den funkelnden Sternenhimmel.

Blick auf die Müritz, den
größten See der Mecklen-
burgischer Seenplatte.

Gemütlich übers Wasser
zu schippern ist Erholung
pur – und auch ein bisschen
Abenteuer!

Es gibt eine große Auswahl an Mietflößen, die sich in Größe und Komfort unterscheiden.

1 UNTERWEGS MIT DEM FLOSS

Leinen los!

Ein Teil der Faszination Floß ist wohl eindeutig Mark Twain und seinem Jugendbuch »Die Abenteuer des Huckleberry Finn« geschuldet. Denn das Bild, das Twain von seinen beiden Protagonisten Tom Sawyer und Huckleberry Finn und über deren Floßfahrt zeichnet, ist eines vom großen Traum von Freiheit und Abenteuer. Und ist es nicht das, wonach wir uns im Alltag alle ein wenig sehnen?

Die Anbieter an der Mecklenburgischen Seenplatte spielen auf dieses Bedürfnis nur allzu gerne ein. Schließlich bietet das Land der tausend Seen, Flüsse und Kanäle die perfekten Voraussetzungen für ein kurzweiliges Floßabenteuer. So gibt es hier nicht nur eine Auswahl an Anbietern, sondern auch eine große Palette an Flößen, die man tage- oder wochenweise mieten kann. Vom winzig kleinen Naturfloß mit Zeltaufbau oder Hütte bis zum riesengroßen schwimmenden Bungalow. Schlafen kann man auf den meisten Flößen, lediglich die jeweiligen Komfortlevel unterscheiden sich enorm: So sind sanitäre Anlagen entweder erst gar nicht vorhanden, erweisen sich als einfache Campingtoilette oder als echtes Badezimmer mit Dusche und Toilette.

Da viele Flöße ohne Bootsführerschein zu steuern sind und für die großen bei der Einweisung ein Charterschein gemacht wird, fällt der Einstieg auch Anfängern leicht. Die wichtigsten Regeln werden den Freizeitkapitänen mitgegeben und nachdem der mitgebrachte Proviant an Bord verstaut ist, kann das Floßabenteuer beginnen! Eine kleine Zitterpartie ist es schon, mit dem Floß das erste Mal eine Schleuse zu passieren. Diese gleichen die Höhenunterschiede zwischen den verschiedenen Seen, die im Nachhinein mit Kanälen miteinander verbunden wurden, aus. Aber nur Mut, je kleiner das Floß, desto einfacher die Handhabung. Wer es einmal hinter sich gebracht hat, wird merken, so schlimm ist es gar nicht!

DER GROSSE TRAUM VON FREIHEIT UND ABENTEUER: AUF DEM FLOSS WIRD ER WAHR!

Mit dem zufrieden schnurrenden Motor im Hintergrund und der langsam vorbeiziehenden Landschaft stellt sich schon nach einer kurzen Zeit auf dem Floß echte Tiefenentspannung ein. Denn die friedliche Umgebung und die Langsamkeit der Bewegung übertragen sich. Sie veranlassen die Flößer dazu, sich träge in der Sonne zu räkeln, die Füße von den Schuhe zu kicken und vor sich hin träumend die Aussicht zu genießen.

TIPP

Für Einsteiger ideal ist ein Wochenende auf dem Floß – so bleibt genügend Zeit, das Floß und die Umgebung ein wenig kennenzulernen und auszuprobieren, ob diese Art des Reisens etwas für einen ist. Früh buchen lohnt sich, da vor allem die Ferienzeiten sehr populär sind! Infos unter www.mecklenburgische-seenplatte.de/faszination-wasser/floss.

Der Müritz-Nationalpark ist ein großartiges Kanurevier.

2 MECKLENBURGISCHE SCHWEIZ

Sanfte Hügel

Die Mecklenburgische Schweiz ist ein 67 000 Hektar großer Naturpark mit sanften Hügeln und Höhenrücken, Seen, Herrenhäusern und Schlössern, knorrigen Bäumen und alten Wallresten aus slawischer Zeit. Hier scheinen die Uhren noch etwas langsamer zu ticken und Besucher werden von ungetrübter, ländlicher Idylle empfangen. Von Anfang April bis Ende Oktober kann man die Schönheit dieser Region per Naturpark-Draisine auf der 17 Kilometer langen, stillgelegten Eisenbahnstrecke von Dargun nach Salem erkunden.

TIPP

Auf den unberührten Weide-, Moor- und Wasserflächen in der Mecklenburgischen Schweiz lassen sich jeweils von Mitte März bis Anfang April und von September bis Ende Oktober Kraniche beobachten.

3 MÜRITZ-NATIONALPARK

Indian Summer

Mit gut hundert Seen und siebzig Prozent Wald wird der Müritz-Nationalpark auch gerne das »Land der Seen« genannt. Zu DDR-Zeiten größtenteils gesperrt, blieb die Natur hier weitgehend unberührt und ist seitdem Rückzugsort für viele bedrohte Tierarten. Heute ist der Müritz-Nationalpark außerdem ein beliebtes Kanurevier. Besonders legendär sind die Touren auf der Schwanhavel bei Wesenberg und der Alten Fahrt bei Mirow. Im Herbst, wenn die Wälder in warmen Farben leuchten, kommt hier echtes »Indian-Summer-Feeling« auf.

TIPP

Wer lieber an Land bleibt, kann einer der geführten Wanderungen der Nationalpark-Ranger folgen, wie zum Beispiel »Blattgold im UNESCO Weltnaturerbe«, www.mecklenburgische-seenplatte.de

Wenn sich im Herbst das Laub bunt färbt, kommt im Müritz-Nationalpark Indian-Summer-Feeling auf!

Der still daliegende Woblitzsee strahlt Ruhe und Erholung aus.

Einst ein mondänes
Ausflugsziel für Prominente,
ist der Scharmützelsee heute
ein echter Geheimtipp für
Ruhesuchende.

SCHARMÜTZELSEE

Oase mit Retrocharme

Zwischen Berlin und dem Spreewald liegt, eingebettet in eine eiszeitlich geformte Landschaft mit über 200 Seen, der Scharmützelsee mit dem gebirgig gelegenen Zentrum Bad Saarow, einem alten Kurbad zwischen Zaun- und Silberberg. Ab 1911 ein Sanatorium mit Moorbad, zog der Kurort Promis wie Maxim Gorki oder Ernst Lubitsch magisch an. Die alten Villen und liebevoll restaurierten Gebäude im Stil der Landhauskolonien vom Anfang des 20. Jahrhunderts prägen den Ort ebenso wie die vielen, aus sozialistischer Zeit stammenden, kleinen Häuser mit gemütlichen und preiswerten Gästezimmern, die hier noch immer zu finden sind. Ein »Binnenmeer« mit einem kilometerweit verlaufenden Wanderweg und zahllosen Badestellen, wie es einsamer, verwunschener und naturnaher kaum zu denken ist. Wer hier nicht zum Durchatmen kommt, dem ist schwer zu helfen. Für einen schnellen Überblick und natürlich zum Beobachten des Lebens am und im Wasser besteigt man am besten irgendwo an einem der zahlreichen Anleger ein Boot. Von hier aus könnte man auf den Wasserwegen über die Dahme sogar bis Berlin gelangen. Wer lieber am Seeufer aktiv ist: Auf dem weit verzweigten Radwegenetz kann der Scharmützelsee problemlos umrundet werden.

Wendisch Rietz bietet Erholung abseits des Trubels (links). Von den glorreichen alten Zeiten zeugen noch heute die alten Moorbäder in Bad Saarow (unten).

2 STORKOW — Zwischen Fischern und Rittern

Von Bad Saarow oder Wendisch Rietz nur einen Katzensprung entfernt und mit der Bahn gut zu erreichen ist die schön am Großen Storkower See gelegene Stadt Storkow. Die restaurierte Mittelalterburg Storkow bietet im hauseigenen Museum 800 Jahre Geschichte von den Ritterzeiten bis hin zu Theodor Fontane oder Max Schmeling. Ein Nachtwächter führt auch bei Dunkelheit um die Burg und durch die Gassen – ein beruhigendes und entschleunigendes Erlebnis. Den Gipfel der Gelassenheit erreicht man an Bord eines der Ausflugsschiffe quer durch die brandenburgische Seenwelt.

TIPP

Wer genug von all den Seen hat, sollte die Rauener Berge besuchen, ein hügeliges Waldgebiet mit großem Wanderwegenetz. Direkt neben den Markgrafensteinen steht der 40 Meter hohe Aussichtsturm, bei schönem Wetter sieht man sogar den Berliner Fernsehturm!

1 WENDISCH WELLNESS

Heilendes Wasser

In Wendisch Rietz laufen die beiden Inselketten des Scharmützel- und des Storkower Sees wie zu einem großen V zusammen. Sie bilden die kilometerweiten Wassertangenten inmitten der Saarower Hügellandschaft südlich der Linie Fürstenwalde und Frankfurt an der Oder. Ein besonderer Ort mit liebenswürdigem, etwas rückwärtsgewandtem Flair – ideal für alle, die die großen Massen scheuen und die heilenden Thermalquellen mit ihrem mineralreichen Schlamm zu würdigen wissen.

TIPP

Wer es romantisch mag, gönnt sich ein Mondschein-Moorbad mit Vollmondblick über dem Scharmützelsee, Infos unter www.therme.bad-saarow.de

In der Therme Bad Saarow kann man es sich richtig gut gehen lassen.

Am Scharmützelsee putzen zwei Schwäne gemächlich ihr Gefieder.

Dunkel schimmernd schlängelt
sich die Ilz auf 70 Kilometern
durch den südlichen
Bayerischen Wald.

DIE DUNKLE ILZ

Flotter Fluss, verträumte Ufer

In der Dreiflüssestadt Passau, wo die Ilz in die Donau mündet, steht auf dem Residenzplatz ein Brunnen. Er zeigt die personifizierte Donau mit einem Ährenkranz, den Inn mit einem Tirolerhut und die Ilz mit Perlen – denn über Jahrhunderte war das schwärzlich schimmernde Gewässer ein Lebensraum für Flussperlmuscheln. Heute haben lebende Muscheln Seltenheitswert in der Ilz, die zu den letzten Wildflusslandschaften Bayerns gehört. Weil sich ihr harter Gneis in den Weg stellte, wählte die Ilz den weicheren Schiefer, um Richtung Donau zu gelangen – die Halser Ilzschleifen. Die zwei großen Flussschleifen durchsticht die sogenannte Triftsperre. Sie erleichterte den Holzarbeitern nach 1827 ihr hartes Handwerk. Ausgewaschene Huminsäuren aus den Mooren und Fichtenwäldern in ihrem Quellgebiet auf 1370 Metern Höhe färben das Wasser der Ilz dunkel – an der Mündung auf 290 Metern Höhe unterhalb von Passaus Veste Oberhaus ist das deutlich zu erkennen. An vielen Stellen reicht der Wald bis ans Ufer, und nur wenige Siedlungen säumen ihren knapp 70 Kilometer langen Lauf durch den südlichen Bayerischen Wald.

Mit etwas Glück erspäht man auf einer Wanderung durchs Ilztal Eisvögel.

2 SCHROTTENBAUMMÜHLE

Fisch am Fluss

Im oberen Lauf gibt sich die Ilz als reißender Bach – in der Dießensteiner Leite findet jedes Frühjahr eine Wildwasserregatta statt. Weiter flussabwärts fließt die Ilz dann wesentlich gemächlicher an der Ausflugsgaststätte Schrottenbaummühle vorbei, die seit mehr als zweihundert Jahren Reisende bewirtet. Unter den »Ilztaler Schmankerlwirten« gilt die einstige Getreidemühle als Fischspezialist: Bachforellen bereitet Küchenchef Anton Segl in fünf verschiedenen Variationen zu, www.schrottenbaummuehle.de.

TIPP

Nur zehn Besucherpässe pro Tag verkauft das Vier-Sterne-Plus-Hotel Reischlhof. Sein Wellness- und Spabereich umfasst fünftausend Quadratmeter, mit Saunen, Themenruheräumen, einem Zwanzig-Meter-Sportbecken, Sky-Solepool und zweihundert Anwendungen, www.reischlhof.de

1 KANUTOUR Im Flussbett leise gleiten

Die beste Zeit für Ilztouren beginnt Mitte April und hängt vom Können und den eigenen Ambitionen ab – denn im oberen Lauf, der über drei Kilometer von der Schrottenbaummühle bis Fürsteneck führt, zeigt sich der Fluss von seiner wilden Seite. Ab der Einstiegsstelle Angermühle, unterhalb von Schloss Fürsteneck, beginnt der schönste Streckenabschnitt. Über kleine Stromschnellen, vorbei an dicken Steinen im Flussbett plätschert die Ilz durch den Wald. Nach Fischhaus geht es dann beschaulich weiter in Richtung Ilzstausee.

TIPP

Als einziger Veranstalter von Kanutouren auf der Ilz organisiert Bohemia Tours die Ausrüstung mit unsinkbaren Einer- oder Zweierschlauchbooten und den Transport. Wer eigenständig mit der Ilztalbahn zum Parkplatz zurückfährt, erhält Rabatt, www.bohemiatours.de

3 ILZTALWANDERWEG Vielfältiger Uferweg

Das Zeichen des Ilztalwanderwegs ist, wie könnte es anders sein, eine Flussperlmuschel. Von Ellersdorf bis Passau markiert sie die 33 Kilometer lange und meist eben verlaufende Strecke. Auf den verschiedenen Etappen des Weges begegnen wir dem Fluss in all seinen Facetten – vom Wildbach über das sanft strömende Gewässer bis hin zum Stausee Oberilzmühle. Seltene Pflanzen säumen seine Ufer: Straußfarn, Sibirische Schwertlilien und Knabenkraut. Eisvögel, Wasseramseln und zahlreiche Libellen fühlen sich an der Ilz wohl.

TIPP

Noch vor den Römern prägten die Kelten die Region – sie etablierten Ackerbau und Viehzucht, prägten Münzen und bauten architektonisch ausgereifte Häuser. Einen lebendigen Eindruck ihrer Kultur gibt das Keltendorf Gabreta in Ringelai, www.ringelai.de

Regional und gut. In der Schrottenbaummühle gibt es frische Bachforellen in fünf verschiedenen Variationen.

Naturparadies: An den Ufern der Ilz fühlen sich seltene Pflanzen und Tiere wohl.

ALTMÜHLTAL

An Bayerns langsamstem Fluss entlang

Auf ihrem Weg von der Frankenhöhe zur Donau schlängelt sich die Altmühl so gemächlich quer durch Bayern, dass es für nicht ganz so bedächtige Gemüter fast schon eine Provokation ist. Rund 220 Kilometer legt der Fluss zurück, bei minimalem Gefälle: Insgesamt beträgt der Höhenunterschied vom Ursprung bis zur Mündung nur 120 Meter. Geschwindigkeit ist für die gelassene Altmühl also keine Option. Zum Glück, denn links und rechts lässt sich viel entdecken, zu Fuß, vom Wasser aus oder auf dem Altmühlradweg, der unbedingt zu den schönsten Fernradwegen Deutschlands gehört. Dieser beginnt unterhalb der Altmühlquelle in Rothenburg ob der Tauber und führt bis Kelheim, wo die Altmühl im strengen Korsett des Main-Donau-Kanals in die Donau mündet. Auf seinem Weg mäandert der »liebliche Fluss« – so eine Interpretation seines keltischen Namens Alcmona – über die Frankenhöhe mit ihren Wäldern und Streuobstwiesen, durch die Kulturlandschaft des oberen Altmühltals zum Fränkischen Seenland und weiter, vorbei an steilen Formationen des Jura, imposanten Burgen und mittelalterlichen Städtchen, in denen man den Störchen beim Klappern zuhören kann.

Ganz gemächlich schlängelt
sich die Altmühl durch Bayern.
Eine beruhigende Abwechs-
lung zur Hektik des Alltags!

Auf der Strecke zwischen
Treuchtlingen und Beilngries
paddelt es sich besonders
gemütlich.

Schöner Zielpunkt der Paddeltour: Beilngries mit seinem mittelalterlichen Flurerturm.

1 ALTMÜHLFAHRT
Stressfrei paddeln

Von Gunzenhausen bis Kelheim ist die liebliche »Alcmona« auf 154 Kilometern mit Kanu, Kajak und Co. befahrbar. Eine besonders malerische Route verläuft zwischen Treuchtlingen und Beilngries. Und weil die Altmühl auf diesem Abschnitt gar so gemächlich mäandert, ist sie auch für Genusspaddler und Anfänger gut geeignet.

In Treuchtlingen kann man sich im warmen Heilwasser der Altmühltherme noch ein wenig entspannen, bevor man das Boot nach dem Wehr zu Wasser lässt und direkt in die Südliche Frankenalb hineinpaddelt. Der einzige mögliche Stress ist von nun an nur noch der Pegelstand der Altmühl – zu niedrig sollte er nicht sein.

Gemütlich paddelnd geht es vorbei an Pappenheim. Im Mittelalter war die Stadt durch die mächtigen Grafen von Pappenheim berühmt, deren Spornburg heute als romantische Ruine über dem Fluss thront.

Wo heute Solnhofen liegt, plätscherte vor rund 150 Millionen Jahren eine tropische Lagune – die Tiere, die sie einst bevölkerten, findet man heute als Fossilien im Solnhofer Plattenkalk: Fische, Saurier, Schildkröten, Insekten und den Urvogel Archaeopteryx hat man hier entdeckt. Im Hobbysteinbruch kann man sich selbst auf die Suche machen.

Nach der berühmten Felsformation Zwölf Apostel wird es an den Bootsrutschen der Wehre Hammermühle und Hagenacker sportlich und ein bisschen spannend, während die wahre Herausforderung jedoch bei den Kletterern liegt, die am Burgsteinfelsen bei Dollnstein in die Vertikale gehen.

Im barocken Eichstätt grüßt die Willibaldsburg von oben herab, und wo bei Walting eine Steinbrücke aus dem 15. Jahrhundert den Fluss überspannt, bestand schon in römischer Zeit ein Übergang. Nach der Wacholderweide bei Gungolding, die fleißig grasende Schafe vor der Verbuschung schützen, überquert die Altmühl den Limes. Hier verlief vor rund

WER FRÜHMORGENS AUF DER ALTMÜHL ALLEIN MIT DEM BOOT UNTERWEGS IST, HÖRT IN DER UFERVEGETATION DIE VÖGEL ZWITSCHERN, DAS WASSER LEISE PLÄTSCHERN UND SONNTAGS AUS DER FERNE DIE KIRCHENGLOCKEN LÄUTEN. SO GEHT ENTSCHLEUNIGUNG!

zweitausend Jahren die streng bewachte Grenze des Römischen Reichs. Heute schlägt hier die nahe A9 eine Schneise durch die Landschaft, deren Lärm man kurz ausblenden muss. Doch bei Kinding herrscht wieder selige Ruhe auf der Strecke durch die weiten Wiesenlandschaften bis Beilngries.

TIPP

Die Strecke ist in fünf Etappen unterteilt. Eine Beschreibung mit einem Verzeichnis der Bootsverleiher, Bootsrast- und Campingplätze erhält man in den Tourist-Informationen oder als GPX-Datei zum Downloaden auf der Website des Naturparks Altmühltal unter www.naturpark-altmuehltal.de.

Das Franziskanerkloster in Dietfurt an der Altmühl bietet unter anderem Meditations-, Zen- und Ikebanakurse an.

2 DIETFURT Zen im Kloster

Beim Betreten des Meditationshauses des Franziskanerklosters in Dietfurt senkt sich Ruhe auf einen herab. Eigentlich möchte man nur noch dasitzen und auf den Zen-Garten schauen. »Möge dies ein Ort sein, wo die Menschen unserer Zeit finden, was sie so sehr suchen: Stille, Verinnerlichung, Gott!« steht auf dem Pergament, das bei seiner Grundsteinlegung eingemauert wurde. Seit 1977 bringt das Kloster aus dem 17. Jahrhundert Zen-Meditation und Christentum zusammen und bietet unter anderem auch Kurse in Ikebana, Qi Gong oder Musikmeditation an.

TIPP

Das Kloster ist nur im Rahmen eines Kursbesuchs zu besichtigen. Asiatische Weisheit bietet Dietfurt aber auch auf dem drei Kilometer langen Qi-Gong-Weg. Hier findet man mithilfe von zehn Qi-Gong-Übungen wandernd zu innerer Gelassenheit, Programm und Infos unter www.meditationshaus-dietfurt.de

3 SCHULERLOCH Faszinierende Unterwelt

Im Schulerloch sollte man sich warm anziehen: In der 420 Meter langen Höhle herrschen konstant 9 Grad Celsius. Zu sehen sind bizarre Tropfsteinformationen. Eine musikalische Inszenierung mit Projektionen an den Felswänden lässt die Urzeit, das Jurameer, die Urdonau sowie die eiszeitlichen Tiere und Neandertaler wieder auferstehen, die einst in der Höhle lebten. Ganz still ist es dagegen während der Meditationen, bei denen man in der staub- und pollenfreien Luft der Höhle Kraft und Ruhe tanken kann.

TIPP

Das benachbarte Essing hat einen mittelalterlichen Kern samt Raubritterruine Randeck und einen Kunstweg mit Skulpturen am Fluss. Wer möchte, kann im Gasthof Schneider Bierbrauen lernen, www.brauereigasthof-schneider.de Die Tropfsteinhöhle Schulerloch ist von April bis Oktober geöffnet, www.schulerloch.de

Abschalten in der Höhle: Im Schulerloch gibt es garantiert keinen Handyempfang, dafür aber regelmäßige Meditationen.

Ein Kleinod im Altmühltal: Essing mit seinem mittelalterlichen Stadtkern.

Ob beim Schwimmen, Angeln oder Kanufahren: Am deutschen Donau-Abschnitt bieten sich viele Möglichkeiten zum Abschalten (hier im Bild: das Kloster Weltenburg in Kehlheim).

DONAU

Am großen Strom

Die Donau gehört zu den legendären großen Strömen, die Europas Gesicht prägen. Fast 3000 Kilometer fließt sie durch zehn Länder vom Schwarzwald bis zum Schwarzen Meer, wo ihr Delta eine großartige Naturlandschaft bildet. Seit Jahrtausenden zieht der Fluss die Menschen an, die von und mit ihm lebten, als Fischer, Flößer und Kaufleute, die ihre Waren über die Wasserstraße in die weite Welt verschifften. In Deutschland kann man ihre ersten Etappen vom jungen Fluss bis zum schiffbaren Strom von Donaueschingen bis Passau auf dem Donauradweg begleiten. Auf dieser Strecke liegen abwechslungsreiche Landschaften, uralte Klöster, die ihren einstigen Wohlstand mit barocker Opulenz präsentieren, und Städte mit beeindruckender historischen Stadtkernen, sei es das mittelalterliche Regensburg, die Renaissance-Perle Neuburg oder das barocke Passau. Entlang der Donau gibt es zahllose Möglichkeiten, offline zu gehen: sportlich mit dem Kanu, beim Schwimmen oder Radfahren, inspiriert von Kunst, Architektur und Kultur oder herrlich entspannt in den Thermen und Saunalandschaften, die keine Wünsche offen lassen.

Das Mündungsgebiet der Isar
ist ein Refugium für gefährdete
Tier- und Pflanzenarten und
bietet Erholungssuchenden ein
unvergessliches Naturerlebnis.

Auch der Sumpfrohrsänger findet an der frei fließenden Donau zwischen Straubing und Vilshofen ideale Brutbedingungen vor.

1 DONAU UNPLUGGED Kostbare Natur

Zwischen Straubing und Vilshofen ist die Donau noch nicht mit Staustufen und Kanälen ausgebaut und das Donautal als wertvoller Naturraum erhalten geblieben. Über fünfzig Fischarten und rund zwei Drittel aller Vogelarten, die in Bayern vorkommen, leben hier. In diesem letzten, frei fließenden Donauabschnitt in Deutschland liegen Auen und Altwässer, wo die Wasserstände ständig wechseln und der Fluss noch seine ursprüngliche, pulsierende Dynamik besitzt. Am Ufer fühlt man sich mancherorts in eine Ferienszene aus Kindertagen zurückversetzt: sandige Badestrände unter Weiden, flitzende Fische im Wasser, tiefenentspannte Enten, die sich ab und zu zum Gründeln aufraffen.

Zu den beeindruckendsten Abschnitten an der freien Donau zählt das Mündungsgebiet der Isar zwischen Plattling und Deggendorf, das seit 1990 unter Naturschutz steht. Hier, wo sich Isar und Donau vermischen, leben Wasserinsekten und wunderschön gebänderte Donaukahnschnecken, Moor- und Springfrösche und nicht zuletzt mindestens 35 Fischarten. Unter anderem schwimmen hier Schneider, Schrätzer und Streber im Wasser – Barscharten, die nur in der Donau vorkommen.

Die zahlreichen Altwässer und Bäche, Tümpel und Weiher des Gebiets bieten ideale Bedingungen für eine Vielzahl von Tieren und Pflanzen. In den Röhrichten brüten Schnatterenten und Sumpfrohrsänger, seltene Halsbandschnäpper und Blaukehlchen. Silberweiden, Grauerlen und Schwarzpappeln wurzeln im nassen Boden der Auwälder, die von der Isar bis zu 200 Tage im Jahr überflutet werden. Die feuchten Au- und Streuwiesen dazwischen sind in der warmen Jahreszeit mit einem bunten Blütenteppich bedeckt, aus dem das kräftige Dunkelblau des seltenen Lungenenzian heraussticht. Im dichten Laub flechten leuchtend gelbe Pirole ihre Nester, und wo die reißende Isar Kies und Sand aufgeschüttet hat, flattern

DIE FACETTENREICHE AUENLANDSCHAFT AN DONAU UND ISAR BILDET EIN INTERNATIONAL BEDEUTENDES REFUGIUM FÜR HUNDERTE TIER- UND PFLANZENARTEN, DIE TEILS HOCHGRADIG GEFÄHRDET SIND.

Schmetterlinge zwischen Federgräsern und Sumpfgladiolen, Hundswurz und anderen Orchideen. Gepflegt werden die Kulturwiesen des Gebiets übrigens von ganz besonderen Gärtnern: Seit einigen Jahren grasen hier urtümliche Heckrinder, die den ausgestorbenen Auerochsen sehr ähnlich sind

TIPP

Vom Infozentrum Isarmündung in Moos aus, geöffnet von April bis Oktober, lässt sich die Auenlandschaft zu Fuß erkunden: www.infozentrum-isarmuendung.de Die kostenlose Donau-App führt zu den einzelnen Stationen des Außengeländes. Stärkung bietet die Schloßwirtschaft in Moos, www.schloss-wirt.de

Angeln entschleunigt: Wer ein Exemplar dieser hübschen (und schmackhaften) Donau-Barben fangen möchte, braucht schon etwas Geduld.

2 TUWASS Therme für Genießer

Aus 700 Metern Tiefe steigt mineralreiches Thermalwasser in die Becken der Tuttlinger Wasserwelt TuWass, in denen man sich in wohliger Wärme aus dem Alltag ausklinken kann. Hinzu kommen vier Saunen, ein Dampfbad, eine Salzoase und Ruhezonen mit Terrasse, Birkengarten und offenem Kamin. Zum Rundumverwöhnpaket gehören auch Massagen: Bei der Deep-Relax-Massage wird der Körper in einen sogenannten Vagotonie-Zustand versetzt, in dem Ruhe und Erholung dominieren. Schwimmen kann man übrigens auch.

TIPP

Der Donau kommt man in Tuttlingen im Donaupark und auf der Promenade ganz nahe oder man kann ihr ganz in der Nähe beim Verschwinden zusehen, wenn sie im Karstgestein versickert, um circa zwölf Kilometer weiter im Aachtopf wieder zum Vorschein zu kommen, www.donauversickerung.info

3 DONAUFISCHER in Weltenburg

Wer will mit dem letzten Donaufischer der Region auf Fahrt gehen? Jeden Tag kommt Lothar Ziegler bei Sonnenaufgang zum Donauufer bei Neustadt, um mit seiner traditionellen flachen Zille abzulegen. Das Wasser plätschert, Vögel zwitschern, Enten fliegen auf, ein Biber putzt sich am Ufer. Vorbei an Kloster Weltenburg geht es zu den steilen Felsen der Weltenburger Enge, wo er am Abend zuvor die Netze gesetzt hat. Jetzt wird der Fang gesichert: Brassen, Barben, Rotaugen, Welse… Ein berührendes Erlebnis.

TIPP

Fahrten mit Lothar Ziegler kann man über die Touristinfo in Bad Gögging buchen, wo es auch eine geniale Therme gibt, www. bad-goegging.de Unbedingt sehenswert ist das barocke Kloster Weltenburg, das die älteste Klosterbrauerei der Welt und einen schönen Biergarten besitzt, www.kloster-weltenburg.de

Wer in wohliger Wärme dem Alltag entfliehen möchte, dem seien die Thermen in Tuttlingen und Bad Gögging empfohlen.

Die Weltenburger Enge zählt zu den ältesten Naturschutzgebieten Bayerns. Hier mit dem letzten Doraufischer auf Fahrt zu gehen, ist ein berührendes Erlebnis.

BODENSEE

Mediterranes Lebensgefühl

Wasser, Wellness, Wirtshäuser, wilde Berge – egal, was man zur Erholung braucht, am Bodensee findet man es wahrscheinlich, außer Wattwanderungen und Meeresluft natürlich, obwohl er doch den Beinamen »Schwäbisches Meer« trägt. Der Meeresvergleich hinkt weniger, als man denkt, denn der Beiname basiert zwar auf einem Irrtum – die Römer bezeichneten mit mare suebicum eigentlich die Ostsee –, doch Deutschlands größter und tiefster See kann bei entsprechendem Wind und Wetter durchaus meereshohe Wellen aufbauen. Und nicht zuletzt sorgt das milde Klima für ein mediterranes Lebensgefühl, samt Palmen und Wein, der hier ebenso gut gedeiht wie die berühmten Bodensee-Äpfel, das Gemüse auf der Insel Reichenau und die Blumen und subtropischen Pflanzen auf der Insel Mainau. Am Bodensee kommen Genießer und Ruhesuchende ebenso auf ihre Kosten wie Sportfans, die hier hervorragende Bedingungen zum Segeln, Surfen, Schwimmen, Tauchen, Wandern und Radfahren vorfinden. Und auch die Kultur kommt nicht zu kurz: Rings um den See liegen zahlreiche Museen, wird das Theater gepflegt und finden Konzerte statt.

Warum in die Ferne
schweifen, wenn das Urlaubs-
glück so nah liegt? Am
Bodensee kommt Mittelmeer-
Feeling auf!

Solch atemberaubende Aussichten lassen einen den irdischen Ärger schnell vergessen.

Auch der Rheinfall, Europas größter Wasserfall, bietet von oben einen spektakulären Anblick.

1 MIT DEM ZEPPELIN über den Bodensee

So schön kann Fliegen sein: Kein ohrenbetäubendes Dröhnen, sondern leise surrende, vibrationsfreie Motoren, keine eingeschlafenen Füße in der Holzklasse, sondern Platz und die Möglichkeit, den Piloten beim Navigieren zuzusehen, keine Gucklöcher, sondern große Panoramafenster, durch die man die Landschaft in der Tiefe betrachtet. Bei Friedrichshafen wurde 1899 das erste Zeppelin in einer schwimmenden Montagehalle auf dem Bodensee gebaut, heute kann man hier mit den modernen Nachfolgern des legendären Luftschiffes in die Luft gehen. 14 Passagiere und zwei Piloten finden reichlich Platz in der Kabine des 1997 gebauten Zeppelin NT. Sie wird von einer 75 Meter langen Hülle getragen, in der unbrennbares Helium für den nötigen Auftrieb sorgt.

Und schon geht es senkrecht hinauf in den Himmel, man lehnt sich zurück und genießt das Gefühl, durch die Luft zu schweben. Dem ewigen Menschheitstraum vom Fliegen kommt dieses Erlebnis schon sehr nahe. In rund 300 Metern Höhe gleitet man maximal 125 Stundenkilometer schnell über den See, Wiesen, Wälder, Weinberge, Städte und Ortschaften – perfekt, um den Überblick zu behalten und doch in der Tiefe viele Details zu entdecken, ein wundervolles Panorama breitet sich aus dieser Perspektive aus.

Von März bis November startet das Zeppelin NT vom Zeppelin-Hangar in Friedrichshafen über die abwechslungsreichen Landschaften des Bodensees, über die der sanfte Luftschiffgigant auf 15 unterschiedlichen Routen schwebt: über eindrucksvolle Schlösser und Burgen, entlang der Voralpen zum grünen Allgäu und über das Vorarlberger Land, über den weiten See und seine farbenfrohen Inseln. Der kürzeste Genuss ist der rund 30 Minuten lange Rundflug über Friedrichshafen und seine schöne Schlosskirche, zwei Stunden dauert der eindrucksvolle Rundflug über den Bodensee, über Meersburg und Mainau, Konstanz, Bregenzer Bucht

WO ES EINEM BESONDERS GUT GEFÄLLT, KANN DER PILOT DEN SCHWERELOSEN RIESEN DANK DER SCHWENKPROPELLER AUF DER STELLE SCHWEBEN LASSEN, DREHEN UND RÜCKWÄRTS FLIEGEN LASSEN.

und Lindau – oder in einer anderen Variante zum tosenden Rheinfall bei Schaffhausen, dem größten Wasserfall Europas. Theoretisch könnte die Zeppelin NT 22 Stunden in der Luft bleiben – warum nicht, denkt man sich, und entschwebt endgültig dem irdischen Ärger.

TIPP

Vom Hochzeitsflug zum Teambuilding: Das Luftschiff kann auch privat oder für Firmen-Events gechartert werden. Sogar selber fliegen ist möglich: In speziellen zweitägigen Flugtrainings darf man selbst einmal das Steuer in die Hand nehmen – für Flugfans das ultimative Erlebnis. Alle Informationen unter www.zeppelin-nt.de

In der Bora-Sauna in Radolfzell sorgen Massagen und Ayurveda-Behandlungen für vollkommene Entspannung.

3 RAVENSBURG Spielen satt

Nicht nur Kinder können in Ravensburg ihrem Spieltrieb freien Lauf lassen – das Museum der Spielefirma Ravensburger AG ist auch für Erwachsene interessant, die hier hemmungslos ihr inneres Kind pflegen können. Hier kann man Wimmelbilder im XXL-Format erleben, unter der Memory-Wolke spazieren, mit allen Sinnen in die »Spielewelt« eintauchen und selbst als Spielfigur auf dem Brett stehen. Und gepuzzelt wird natürlich auch. Ein intensives, glücklich machendes Erlebnis, garantiert offline.

TIPP

Ravensburg, die Stadt der Türme und Tore, hat ein schönes historisches Zentrum, in dem man gepflegt bummeln, shoppen, gut essen und im Kunstmuseum Ravensburg moderne und zeitgenössische Kunst genießen kann, www.kunstmuseum-ravensburg.de, www.ravensburger.net

2 BORA SAUNA Wellness in Radolfzell

Am Westrand von Radolfzell bietet die bora-Sauna die größte und wohl auch schönste Saunalandschaft der Bodenseeregion. Erdsauna, Rauchsauna, rustikale Kelo-Sauna oder doch lieber Dampfbad? Auf 8000 Quadratmetern direkt am See kann man zwischen acht verschiedenen Saunatypen wählen. Die Bambussauna und die Salzgrotte gehören zur Japansauna, dort bietet auch ein japanisches Onsen-Bad vollkommene Entspannung. Zum Wohlbefinden tragen zusätzlich Massagen, Ayurveda-Behandlungen und Thalasso-Kosmetik bei.

TIPP

Das japanische Onsen-Bad ebenso wie die Salzgrotte sind großartig. Ihr mit Schwarzdornreisig gefülltes Gradierwerk sorgt für ein angenehmes Klima und reichert die Luft mit Salz an – ein Hauch von Meer am Bodensee, www.bora-sauna.de

4 BODENSEE-GÄRTEN Zeitreise

Das milde Klima am Bodensee ist geradezu ideal, um die hohe Gartenkunst zu perfektionieren. Am bekanntesten und deshalb eher nicht so ruhig sind der botanische Garten und der Schlosspark der Insel Mainau. Tatsächlich aber liegen rings um den ganzen See Parks und Gärten, die man besichtigen und genießen kann. Pflanzenfreunde können hier von der Steinzeit über die Antike und das Mittelalter bis in die Gegenwart eine Zeitreise durch alle Epochen der Pflanzenkultivierung und des Gartenbaus unternehmen.

TIPP

Besonders interessant ist der Kräutergarten Reichenau, der nach dem »Hortulus« (Gärtlein) des Klosters aus dem 9. Jahrhundert angelegt wurde. Informationen zu den Anlagen der Region bietet der Verein Bodenseegärten auf seiner Website, www.bodenseegaerten.eu

Das milde Bodensee-Klima lässt mediterrane Gewächse wie Palmen unter freiem Himmel gedeihen.

Ravensburg, die Stadt der Türme und Tore, lädt zum entspannten Bummeln ein.

Postkarten-Idyll: der Obersee
in den Berchtesgadener Alpen

HIGH IN THE MOUNTAINS

Die schönsten Hideouts im Gebirge

Wer oben ist, rückt die Perspektive gerade, denn von der Höhe aus schrumpft die Hektik im Tal zum bedeutungslosen Gewimmel. Gelegenheit zum Abschalten in den Bergen gibt es fast in ganz Deutschland genug, vom Allgäu bis zum Brocken und vom Watzmann bis zum Bergischen Land.

Im Harz tanzen zur Walpurgisnacht die Hexen auf dem Blocksberg, im Spessart hausen die Räuber, der Watzmann ist ein verfluchter grausamer König, in der Sächsischen Schweiz spuckte einst der Teufel im Uttewalder Grund Pech und Schwefel – rau, teils auch gefährlich, bizarr geformt und trotz ihrer wilden Schönheit bisweilen unheimlich, sind Gebirge seit jeher Schauplätze für Sagen und Mythen. Kein Mythos ist jedoch, dass man sich in den Bergen wunderbar erholen kann, sei es hochalpin beim Klettern samt Übernachtung in der Biwakschachtel unter Sternen, beim Schneeschuhwandern durch Wälder und über sanfte Höhen, auf der romantischen Alm, im idyllischen Gasthaus, beim Baden im Heu oder in erfrischenden Bergseen oder beim Einfach-in-die-Ferne-Schauen... schon allein, weil die prickelnd-klare Bergluft so gesund ist.

»5 X ABSCHALTEN UND RUNTERKOMMEN«

- Slow Food par excellence: Eine Kräuterwanderung im Harz (S.121)

- Sole gegen den Stress: Das Gradierwerk in Bad Orb (S.134)

- Wahrer Luxus: Sternegucken auf der Wannenkopfhütte (S.142)

- Schweben und Träumen: Das Baumhaushotel im Allgäu (S.143)

- Winterwunderland: Eine Hundeschlittentour am Dreisessel (S.152)

SÄCHSISCHE SCHWEIZ

Magische Natur

Bin ich hier wirklich in Deutschland oder nicht doch in einem Fantasyfilm gelandet? Wer die Sächsische Schweiz, also den in Deutschland liegenden Teil des Elbsandsteingebirges, zum ersten Mal besucht, kommt aus dem Staunen nicht mehr heraus: Die Kombination aus märchenhaften Felsformationen, romantischen Dörfern und saftig grünen Wäldern hat noch jeden Besucher verzaubert. Kein Wunder, dass die beeindruckende Landschaft vor den Toren Dresdens auf Maler wie Caspar David Friedrich, Ludwig Richter oder C. G. Carus einen großen Reiz ausübte. Noch heute kann man ihren Spuren auf dem Malerweg, dem Hauptwanderweg des Elbsandsteingebirges, folgen. Ein Aufenthalt in der Sächsischen Schweiz ist perfekt für alle, die in betörender landschaftlicher Umgebung dem Alltag entfliehen möchten. Ob man sich für eine gemütliche Wanderung oder anstrengendere Mehrtagestouren entscheidet, in einfachen Selbstversorgerhütten oder im Wellnesshotel nächtigt, ist dabei fast nebensächlich: Hauptsache man legt das Handy beiseite und lässt die unwirklich schöne Natur auf sich wirken!

Unwirklich schön: Blick auf die Felsformationen der Bastei.

Der Lichtenhainer Wasserfall im Kirnitzschtal.

Vergangenheit der Region. Entlang des Malerweges liegen zahlreiche, mit dem Prädikat „wanderfreundlich" zertifizierte Trekkinghütten, Ferienhäuser und Hotels, die unter anderem Unterstützung beim Gepäcktransfer bieten und die Wanderer mit Lunchpaketen für unterwegs versorgen.

TIPP

Wer den Malerweg in Ruhe genießen möchte, sollte im Winter kommen. Der Blick auf die verschneite Felslandschaft hat etwas Märchenhaftes! Detaillierte Informationen zu den einzelnen Etappen des Malerweges und eine Auflistung aller wanderfreundlichen Unterkünfte (von einfach bis luxuriös) finden sich unter www.saechsische-schweiz.de

2 KIRNITZSCHTAL Ruhiger Geheimtipp

Besonders in den Sommermonaten sind beliebte Sehenswürdigkeiten wie die Bastei oder die Festung Königstein sehr gut besucht und verlieren viel von ihrer Magie. Wer Ruhe sucht, dem sei das malerische Kirnitzschtal im Herzen des Elbsandsteingebirges empfohlen, das nur eine kurze Fahrzeit vom belebten Kurort Bad Schandau entfernt liegt: Naturfreunden bieten sich hier überraschend leere Wanderwege, die durch tiefgrüne Wälder und spektakuläre Schluchten, vorbei an bizarren Felsformationen und märchenhaften Bächen führen. Besonders schöne Routen und Touren beginnen in Hinterhermsdorf an der deutsch-tschechischen Grenze, einem romantischen 600-Seelen-Örtchen, das mit seinen Umgebindehäusern ein hübsches Postkartenmotiv abgibt und 2001 zum schönsten Dorf Deutschlands gewählt wurde. Von hier aus führt eine leichte Wanderung zum 700 Meter hoch gelegenen Stausee „Obere Schleuse" an der Kirnitzschklamm. Dort angekommen kann man auf einer ruhigen Kahnfahrt über den langgestreckten See den Blick auf die hohen, moosbewachsenen Felswände genießen. Ein mystischer Ort!

TIPP

Im Kirnitzschtal gibt es einige gute und bezahlbare Unterkünfte. Eine davon ist das gemütliche Gasthaus „Zum Sonnenhof" bei Hinterhermsdorf, das mit einer ruhigen Alleinlage mitten im Nationalpark aufwartet. Direkt vor dem Haus starten etliche schöne Wanderrouten in die Umgebung, der Wirt ist bei der Organisation von Ausflügen behilflich. Nähere Infos unter www.sonnenhof-hinterhermsdorf.de

1 MALERWEG Bildschöne Landschaft

Ende des 18. Jahrhunderts wurde die Sächsische Schweiz für die bedeutendsten Maler der Romantik zu einem regelrechten Mekka. Künstler aus ganz Europa strömten hierher, um sich von der zerklüfteten und oftmals nebelverhangenen Landschaft inspirieren zu lassen. So auch Caspar David Friedrich, dessen berühmtes Gemälde „Der Wanderer über dem Nebelmeer" die mystische Aura der Gegend in wunderbarer Weise einfängt. Wer die Faszination nachempfinden will, welche die Sächsische Schweiz auf die Künstler von damals ausübte, sollte sich auf den 112 Kilometer langen Malerweg begeben. In acht Tagesetappen führt er vorbei an beeindruckenden Sehenswürdigkeiten und inspirierenden Naturschönheiten, darunter Festung Königstein, Burg Hohnstein, die Felsenbühne von Rathen und die großartigen Felsformationen der Bastei. Dabei führen Ausstellungen und Schautafeln durch die kunst- und kulturgeschichtliche

Mystisch: Sonnenaufgang über der Sächsischen Schweiz.

Idealer Ausgangspunkt für Wanderungen ist das idyllische Hinterhermsdorf.

HARZ

Entspannt unterwegs im Nationalpark

Johann Wolfgang von Goethe, Heinrich Heine, Joseph von Eichendorff, Theodor Fontane oder Hans Christian Andersen – sie alle erlebten den Harz aus ihrer eigenen künstlerischen Perspektive, hatten nur Stift und Papier dabei für die Aufzeichnung ihrer Erlebnisse, die sie später in Werken über die malerische Landschaft rund um den Brocken publizierten. Mit den Augen und dem Herzen nahmen sie alles in sich auf. Und sie waren vornehmlich zu Fuß unterwegs, ein Trend, dem das 21. Jahrhundert zu einer ungeahnten Renaissance verhilft. Man kann den berühmten Vertretern der Weltliteratur auf den Wegen problemlos folgen und ihnen gedanklich nachsinnen. Den feinen Ausblick zum Gipfel des Brocken vom Holzsteg entlang des Großen Torfhausmoores gleich zu Beginn des Goetheweges genossen der Dichter samt Gefolge genauso wie wir das heute tun. Auch die Aussicht aus einer Höhe von gut 1100 Metern dürfte ihm gut gefallen haben. Die hat sich allerdings während der vergangenen 200 Jahre dann doch ein klein wenig verändert. Dafür blieben die Mythen und Legenden von Hexen, Magiern und Berggeistern. Sie alle gehören zum zauberhaften Erlebnis Harz.

Sanfte Hügel, schroffe Felsen
und wunderbare Ausblicke:
Der Harz hat schon große
Dichter wie Theodor Fontane,
J. W. von Goethe und
Heinrich Heine fasziniert.

Sauerklee, Giersch, Schafgarbe, Gundermann ... Die Vielfalt an Harzer Wildkräutern ist beeindruckend.

Bei der Kräuterwanderung lässt sich in aller Ruhe die wunderbare Natur genießen.

Slow Food: Die selbst gesammelten Kräuter kommen am Abend allesamt auf den Teller – und zwischendurch aufs Brot!

1 WILDKRÄUTER Vielfalt im Wald

Fein säuberlich hat Elke Schnibbe weiße Plastikeimerchen aufgestapelt, die das Grüppchen Freiwilliger skeptisch beäugt »Harzer Kräuter sammeln ist angesagt« und Elke doziert im Stile einer Hochschulprofessorin, während sie an jeden Teilnehmer eine Schere verteilt. »Diesen Weg hier benutze ich nämlich häufig.« Die Vielfalt an Wildkräutern – ausdrücklich nicht Unkraut – mache ihn äußerst reizvoll und ergiebig. So marschiert sie los, ihre fleißigen Helfer, des Botanischen überwiegend eher unkundig, stolpern zögernd hinterher.

Der Waldweg außerhalb von Bad Lauterberg sieht nicht wirklich beeindruckend aus, eigentlich so unscheinbar wie überall, und doch kniet sich Elke sogleich hin, um ihren ersten Fund zu präsentieren. »Das ist Sauerklee. Sehen Sie sich den genau an, riechen Sie an den Blättern und probieren Sie.« Etwas scheu wird geschaut und zugegriffen und schließlich erst zaghaft, dann mutiger gekaut. Es schmeckt grün, ein bisschen süß, etwas herb im Nachgang. Nun bückt sich jeder und schneidet die Kräuterdelikatesse ab. Flugs sind die ersten Eimerchen gefüllt, mit Giersch, den jeder Gartenbesitzer lieber vernichten als essen würde, Vogelmiere, Schafgarbe, Löwenzahnblättern und -wurzeln, den violetten Blüten der Taubnessel und mit Gundermann. Gundermann? Ja, der heißt tatsächlich so. Eine Pflanze aus der Gattung der Lippenblütler mit deren Blättern Elke Schnibbe ihre köstlichen Schokoladenkreationen verfeinert.

In Schnibbes Kräuterküche erhält das gesammelte vermeintliche Kaninchenfutter den letzten kulinarischen Schliff. Es wird geputzt, gezupft, sortiert, gewaschen und letztlich dekorativ angerichtet, pointiert mit einer farbenfrohen Blüte der Kapuzinerkresse. Alles, was auf den Teller kommt, sollte auch verzehrt werden können, so Schnibbes Slow-Food-Philosophie. »Bei bunten Blüten gibt es gewisse Berührungsängste«, erklärt Elke Schnibbe. Die selbst gesammelten Kräuter vom

»WIR WERDEN WENIGSTENS SIEBEN VERSCHIEDENE KRÄUTER SAMMELN UND DAMIT SPÄTER AM TAG EIN EXKLUSIVES 4-GÄNGE-MENÜ ZUBEREITEN«

Wegesrand bilden dann die Grundlage eines aromatischen, abendlichen Menüs, das zudem zartes Fleisch vom Harzer Roten Höhenvieh im Knuspermantel beinhaltet. Darauf räkeln sich verführerisch knusprig frittierte Taubnesseldolden.

TIPP

Das Café Schnibbe in Bad Lauterberg verfügt über eine ausgezeichnete Konditorei – das Tortenparadies im Harz. Auf den Wildkräuterwanderungen lernt man so einiges über die Geheimnisse aus der Natur, im anschließenden Kochkurs den Umgang damit und ihre Aufbereitung zum Vier-Gänge-Menü. Zum Café gehören zudem gemütliche Ferienwohnungen, www.cafe-schnibbe.de

»Harzer Roller« heißt nicht nur der berühmte Käse, sondern auch eine Rasse von Gesangskanarien.

3 WASSER DES LEBENS

Mit feiner Würze

Auf der Bühne des früheren Zorger Kurhauses lagern alte Sherry-Fässer, im Keller darunter reifen in Handarbeit herge-stellte Destillate heran, wie der Harzer Single Malt Whisky. Nach einer entspannten Führung mit Brennerei-Chef Alexan-der Buchholz umgibt das anschließende Tasting die Aura des schottischen Hochlands. Gemälzt wird mit Buchen- und Erlenholz und so gewinnt er dem Whisky eine ungewöhnli-che Geschmacksvielfalt ab, die er in kleinen Auflagen abfüllt. Sogar Raucharoma haucht er seinem Lieblingsgetränk ein.

TIPP

Seit 1985 stellt die Familie Buchholz in Zorge in aufwändiger Handarbeit feinste Spirituosen her. Die Whiskys wurden bereits vielfach ausgezeichnet. Führungen mit anschließender Verkos-tung gibt es täglich (außer Mi + So), www.hammerschmiede-spirituosen.de

2 ALLES KÄSE ...oder was?

Der »Harzer Roller« findet sich zwar noch an der Käsethe-ke, doch als Marke gibt es ihn nicht mehr. Dafür sind die wahren Harzer Roller quicklebendig und zwitschern, was das Zeug hält. Mittels Plattenspieler und Vorsingen wurde die Sangeskunst der kleinen gelben Kanarienvögel geschult, damit sie die Bergleute durch ihre eindringlichen Laute war-nen konnten, falls Gefahr in der Silbergrube drohte. Daraus entwickelte sich ein lukrativer Wirtschaftszweig. Vogelhänd-ler reisten, bepackt mit Piepmätzen im Holzkäfig, durch die ganze Welt.

TIPP

Das Bergwerksmuseum in Sankt Andreasberg bietet Einblick in die Geschichte des Silberbergbaus im 18. und 19. Jahrhundert. Integriert ist das höchst sehenswerte Harzer-Roller-Kanarien-Mu-seum, www.grube-samson.de

4 WILDE GERICHTE Wilde Katzen

Ein Ausflugslokal mitten im Wald ist die Marienteichbaude zwischen Bad Harzburg und Torfhaus. Im rustikalen Ambiente lockt die Speisekarte mit Wildgerichten und typischen Spe-zialitäten aus der näheren Umgebung, die im kleinen Laden auch zum Verkauf angeboten werden. Durchs Fenster können die Gäste die Wildfütterung gleich nebenan beobachten. Empfehlenswert das Bunte Baudenbrot, eine kalte Platte mit verschiedenen Fleisch- und Wurstsorten, Sauerfleisch, Schmorwurst sowie eingelegtem Harzer Käse.

TIPP

Wild füttern und Wild futtern sind in der Marienteichbaude na-hezu eins. Hinter dem roten Holzhaus sind die Tiere des Waldes stets in der Nähe, zudem gibt es ein Wildkatzengehege. Kulina-risch setzt man ganz auf lokale Produkte, www.marienteichbaude.de

Die herrliche Natur
des Nationalparks
bietet Entspannung pur.

Die Waldgaststätte Marien-
teichbaude lockt mit rustikalem
Ambiente und vorzüglichen
Wildgerichten.

Waldgaststätte
Marienteich
BAUDE

BERGISCHES LAND

Farbenpracht zu jeder Jahreszeit

Schwarz, Weiß, Grün – im Kaleidoskop typischer Farben des Bergischen Landes fehlt lediglich noch Blau. Es steht für das Firmament und die Vielfalt des Wassers, das die reizvolle, hügelige Welt zwischen Ruhr und Sieg, Rhein und Sauerland so nachhaltig prägt. Glasklare Stauseen und eindrucksvolle Talsperren unterbrechen den Fluss der zahllosen größeren und kleineren Wasserläufe, die fast alle gen Westen, in Richtung Vater Rhein streben. Dabei durchmessen sie mal gemächlich, mal gewaltig teils schroffe, teils romantische, zumeist waldreiche Täler und Schluchten, die sie sich selbst geschaffen haben. In den Dörfern und Städtchen dominieren unter dunklen Dächern Fachwerk und Schiefer verziert mit grünen Fensterläden, nicht selten umgeben von üppig blühenden Gärten. Dieses faszinierende Landschaftsgemälde komplettieren die zahlreichen Burgen und Schlösser. Im Mittelalter dienten sie dem Grafengeschlecht von Berg als Wohnsitz, überdauerten letztlich jedoch den Adel und liefern nun die malerische Kulisse für entspannende Ausflüge im Land der singenden und klingenden Berge.

waren wie du bist und du wirst was sie sind.

Traditionelle Fachwerkhäuser und üppig blühende Gärten sind typisch fürs Bergische Land.

Ein Besuch im Eckenhagener Bauernhofmuseum wirkt geradezu entschleunigend.

2 OPUS SILVA *Musik des Waldes*

Das Homburger Ländchen wird von der stolzen Burg Homburg überragt. Gelb getüncht ist sie eines der weithin sichtbaren Wahrzeichen des Bergischen Landes. In den hügeligen Waldgebieten ringsum lassen sich die Geräusche und Klänge der Natur besonders gut erleben. Hier wirkt nicht nur das Vogelgezwitscher intensiver, auch die kleinen Bäche und der Wind im Laub der Bäume lassen eine wunderbare, natürliche Symphonie des Waldes erklingen.

TIPP

Vom Aussichtsturm des Panarbora-Baumwipfelpfades bietet sich ein hervorragender Panoramablick über den Süden des Bergischen Landes. Auf dem Rundkurs durch die Baumwipfel erlebt man den Wald aus der ungewöhnlichen Perspektive, die sonst nur den Eichhörnchen vorbehalten ist, www.panarbora.de

1 HEILSAME HÖHEN *Heide und Wacholder*

Das Siebengebirge in der Ferne, das Sauerland in der Nähe – bei klarer Sicht von der Höhe bei Schorsch's Panoramahütte zum Greifen nah. Eine alte Seilbahngondel steht an diesem östlichsten Punkt des Bergischen Landes oberhalb von Reichshof-Eckenhagen – die perfekte Ruhebank zum Seele baumeln lassen. Ein lockerer Spaziergang führt von hier durch ein einzigartiges Heidegebiet mit skurril geformten Wacholdergehölzen, die im August gemeinsam mit üppig blühendem Heidekraut ein mystisches Naturgemälde schaffen.

TIPP

Erinnerungen leben im Eckenhagener Bauernhofmuseum auf, vor allem wenn aus dem historischen Backofen der Duft frischgebackenen Brotes um die Bruchsteinmauern zieht, www.heimatverein-reichshof-eckenhagen.de

3 FABELHAFT *Mystik der Geschichte*

Sagen und Legenden führen uns immer wieder vor Augen, dass es mal eine andere Welt gab – jenseits des Digitalen. Beim Spaziergang auf dem Sagenweg bei Frielingsdorf, einst auch ein wichtiger Handelsweg, begegnet man dieser Magie auf Schritt und Tritt. Gleich hinter dem Zwergenloch, einer alten Kalksteinhöhle, ragen die Mauerreste der Burg Neuenberg zwischen den Bäumen des Waldes empor. Fabelwesen dürften hier nicht allzu weit entfernt sein. So auch wenig später, bei der malerisch umrankten Ruine der Wasserburg Eibach.

TIPP

In den Nebengebäuden des idyllisch an einem Weiher gelegenen Schlosses Gimborn, das als Tagungszentrum dient, finden sich auch Hotelzimmer und ein Wellnessbereich, www.ibz-gimborn.de

Der Sagenweg führt zur malerisch umrankten Ruine der Wasserburg Eibach.

Die geb getünchte Burg Homburg ist ein Wahrzeichen des Bergischen Landes.

Seit über 500 Jahren werden die Mühlräder der Wipperkotten vom Wasser angetrieben (rechts). Der Altenberger Dom bietet einen überwältigenden Anblick (unten). Die Müngstener Brücke gilt als Meilenstein der Baugeschichte (rechts unten).

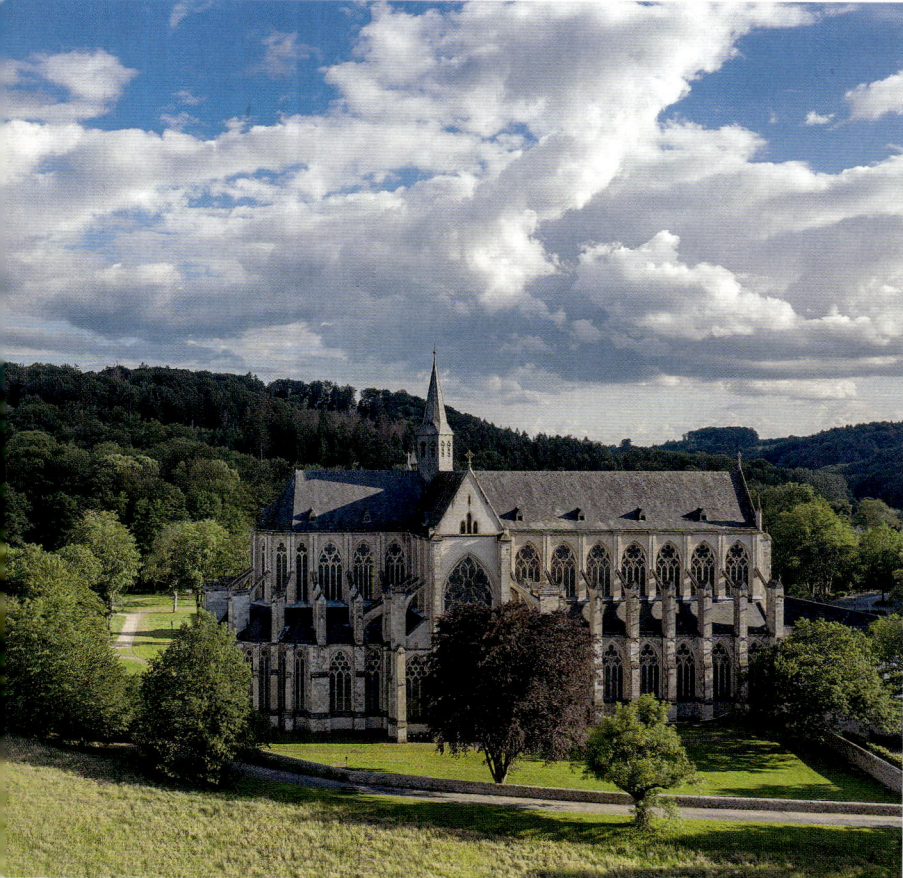

4 BERGISCHE WIEGE Der Dom im Tal

Der Altenberger Dom im Tal der Dhünn gilt als die Kathedrale des Bergischen Landes und befindet sich unmittelbar in seiner Wiege. Ganz in der Nähe begann mit Burg Berge um das Jahr 1060 die Historie der Namensgeber der Region, der Grafen von Berg. Insbesondere die monumentale, gegen 1400 vollendete Fensterfront an der Westseite des »Bergischen Doms«, für dessen Bau auch Steine der alten Festung verwendet wurden, bietet einen überwältigenden Eindruck. Der ökumenische Gedanke ist hier seit dem Ende des 19. Jahrhunderts lebendig.

TIPP

Die rot-weißen Strandkörbe im Biergarten des Hotels Wisskirchen führen regional etwas in die Irre. Der stilvolle Landgasthof im Fachwerklook diente ehedem als Verwaltung einer Ziegelei, eines Sägewerks und als Poststelle, www.hotel-wisskirchen.de

5 SCHLEIFKOTTEN Im Wupper-Tal

Immer noch bearbeitet der Schleifer im historischen Wipperkotten, dem einzig verbliebenen Doppelkotten an der Wupper, Klingen mithilfe von Wasserkraft. Die unterschlächtigen, gemächlich knarrenden Mühlräder am malerischen Fachwerkgebäude werden wie schon vor 500 Jahren vom Wasser des Flusses angetrieben. Ein nostalgisches Erlebnis aus einer Zeit, als Natur genutzt, aber nicht ausgenutzt wurde. Im Verlauf des Flusses finden sich weitere, aktiv genutzte Denkmäler der Solinger Industriegeschichte.

TIPP

Kein Aufenthalt im Bergischen Land ohne Bergische Kaffeetafel, dem Inbegriff regionaler Gemütlichkeit und Genusses. Rund um die Dröppelminna offenbart sich dabei Kulinarisches von süß bis deftig, auf alle Fälle aber vom Feinsten, www.ruedenstein.de

6 HOCH HINAUS Historische Baukunst

Noch vor dem Übergang ins 20. Jahrhundert feierte die Müngstener Brücke ihre Einweihung, dampften erste Züge über das Tal der Wupper zwischen Solingen und Remscheid. Das technische und stählerne Meisterwerk, 465 Meter lang und 107 Meter hoch, gilt noch heute als Meilenstein der Baugeschichte. Auf dem Rundweg durchs waldreiche Tal denkt man unwillkürlich darüber nach, wie man es mit den damaligen, eher bescheidenen Mitteln geschafft hat, derart perfekt zu bauen.

TIPP

Auf Schloss Burg, über Jahrhunderte Stammsitz der Grafen von Berg, finden während des Sommers Ritterspiele statt. Dann lebt die Zeit von Rittern und Minnesängern, Hofnarren und Burgfräulein wieder auf, www.georgsritter.de

SPESSART

Wald, Wellness und Wein

Im Sommer erscheint der Spessart aus der Vogelperspektive wie ein grünes Meer, das einzelne Siedlungsinseln sprenkeln. In diesen dichten Wäldern mit ihren uralten Baumriesen gingen die Brüder Grimm auf Märchensuche und es hausten dort einst die Räuber, die in die Sagenwelt der Region Einzug hielten. Die Tradition der Räubergeschichten führte im 19. Jahrhundert der Romantiker Wilhelm Hauff mit dem »Wirtshaus im Spessart« publikumswirksam fort. Heute birgt das idyllische Mittelgebirge, dessen höchste Erhebung der Geiersberg mit 586 Meter Höhe ist, keine Gefahren mehr für Leib und Leben. Ganz im Gegenteil: Im Spessart kann man in schöner Natur Kraft tanken, reiten und Rad fahren, mit dem Kajak idyllische Flusstäler erkunden und mit Landlaufskiern in klarer Winterluft durch die verschneite Landschaft laufen. In diesem größten zusammenhängenden Laubmischwaldgebiet Deutschlands sind Wanderer auf schier endlosen Wegen vorwiegend im Schutz der Baumkronen unterwegs, deren Blätter im Herbst in fantastischen Feuerfarben erstrahlen. Unten am Main kann man sich bei einem Glas Wein oder zwei erholen – oder in den Kurorten Wellness und salzige Luft genießen.

Wein-Land: In aller Ruhe ein Gläschen zu genießen gehört zu einer Auszeit im Spessart unbedingt dazu.

Natur und Kultur: Auf dem 25 Kilometer langen Europäischen Kulturweg informieren Tafeln über berühmte Spessart-Reisende wie Kurt Tucholsky.

Idyllisch: Das Renaissance-Wasserschloss Mespelbrunn.

Abschalten bei einer Wanderung durchs Hafenlohrtal.

1 LEGENDÄRE WIRTSHÄUSER

und Kulturwege

Der Spessart ist von den Flüssen Main, Sinn, Saale und Kinzig umschlossen, an denen beschauliche Städte mit hübschen Fachwerkhäusern liegen. Im Süden schmiegt er sich ganz im Westen Frankens in die Schleifen des Mainvierecks. Dort steht mitten im Wald – und dank seiner abgeschiedenen Lage seit rund 600 Jahren nahezu unverändert – das Renaissance-Wasserschloss Mespelbrunn, komplett mit Türmchen, Ahnengalerie und gräflicher Familie.

Fans des deutschen Nachkriegskinos wissen, dass Ende der 1950er-Jahre frei nach Wilhelm Hauffs »Das Wirtshaus im Spessart« der gleichnamige Film mit Lilo Pulver in der Hauptrolle gedreht wurde. Heute finden vor der malerischen Schlosskulisse Freilichtaufführungen der Spessart-Bühne Mespelbrunn statt, die immer wieder gerne eben dieses Stück zum Besten gibt.

Der Stammsitz des Ensembles liegt wiederum in dem Gebäude, in dem Wilhelm Hauff möglicherweise 1826 bei seiner Reise durch den Spessart einkehrte: im Gasthaus zur Post in Hessenthal bei Mespelbrunn. Vielleicht hörte er dort, im wahrscheinlich echten Wirtshaus im Spessart, die Geschichten von den Räubern im Wald?

Der Spessart ist eine uralte Kulturlandschaft, in der seit rund 8000 Jahren Menschen leben. Besonders reizvoll lernt man sie auf dem Europäischen Kulturweg durch das idyllische Hafenlohrtal kennen, der von Hafenlohr hinauf in die ehemalige Glasstadt Weibersbrunn und nach Rothenbuch mit einem Jagdschloss aus dem 16. Jahrhundert führt. Die rund 25 Kilometer lange Route kann auch in einzelnen Etappen erwandert werden.

Unterhaltsam sind die an zwölf kulturhistorisch bedeutenden Stationen angebrachten Tafeln mit Spessart-Zitaten von Hans

»WENN LANDSCHAFT MUSIK MACHT: DIES IST EIN DEUTSCHES STREICHQUARTETT. WIE DIE HOHEN BÄUME RAUSCHEN, EIN TIEFER KLANG, SO ERNST SEHEN DIE WEGE AUS.« (KURT TUCHOLSKY)

ÜBER DIESEN POETISCHEN VERGLEICH FREUT SICH DAS TOURISMUSMARKETING IM GANZEN SPESSART NOCH HEUTE.

Sachs über Kurt Tucholsky bis Robert Gernhard. Tucholsky fand sein Wirtshaus in der idyllischen Lichtenau, wo er 1927 im Gasthaus im Hochspessart einkehrte – für ihn die »Perle des Spessarts«. Damals schwang ein strenger Wirt das Zepter. Wenn der Steinwein korkte, dann »möpselte« er hier nach. Tucholsky liebte dieses Wort, und er liebte die Landschaft.

TIPP

Zu vielen historisch, kulturell und naturwissenschaftlich interessanten Zielen im Spessart führen Kulturwege, die das Archäologische Spessartprojekt (ASP) initiiert hat, www.spessartprojekt.de. Informationen zum Hafenlohrtal und dem Gasthaus im Hochspessart unter www.hafenlohr.de und www.gasthaushochspessart.de

Eine Artenvielfalt, wie sie in Deutschland nur selten zu finden ist: Auch Eisvögel fühlen sich im Spessart wohl.

2 EICHHALL Uralte Baumriesen

Die Holzwirtschaft hat im Spessart eine lange Geschichte, und noch heute sind seine Eichen von französischen Winzern begehrt, weil sie das beste Fassholz liefern. Vor Axt und Säge sicher sind jedoch die Giganten im 67 Hektar großen Naturwaldreservat Eichhall im Rohrbrunner Forst. Knapp 400 Jahre alt und 40 Meter hoch sind die knorrigen Eichen, unter die sich mächtige, teils 200 Jahre alte Buchen mischen. Seit 2002 wird der Wald nicht mehr genutzt und kann sich ungehindert zum Urwald entwickeln – ein einzigartiges Wandererlebnis. Und auch die Tierwelt – darunter zahlreiche Spechtarten, Eisvögel und Biber – freut sich über den unberührten Lebensraum!

TIPP

Uralte Baumriesen findet man im Spessart außer im Eichhall auch am Rohrberg sowie im Naturschutzgebiet Metzgergraben & Krone. Eine Beschreibung der Routen sowie der Tiere und Pflanzen in diesen Urwäldern unter www.naturpark-spessart.de

3 BAD ORB Sole gegen Stress

155 Meter lang, 12 Meter breit und 18 Meter hoch – mitten im grünen Kurpark von Bad Orb sorgt das imposante Gradierwerk von 1806 kostenlos für eine frische Meeresbrise. An zwei Wänden aus Schwarzdornreisig rieselt die Bad Orber Sole hinunter, die Verdunstungskühle und Salzkristalle in der Luft lassen hier ein Klima wie am Meeresstrand entstehen. Der Solenebel wirkt erwiesenermaßen stressabbauend und hilft gegen Schlafstörungen. Die feinen Salzkristalle besitzen zudem eine sekretlösende Wirkung und reinigen die Atemwege von Bakterien. Eine Wohltat bei Atemwegsproblemen, Asthma und Allergien!

TIPP

Das Gradierwerk ist von Frühlingsanfang bis Ende Oktober täglich von 8 bis 20 Uhr geöffnet und kostet keinen Eintritt, www.bad-orb.info. Baden in Licht und Musik und Wellness satt gibt es in der Toskana Therme ganz in der Nähe, www.toskanaworld.net

Im Naturreservat Eichhall kann der Wald ungehindert wachsen.

Ein Besuch im Gradierwerk Bad Orb ist gut für die Atemwege und hat eine entspannende Wirkung.

NATURREICH EIFEL

Wandern zwischen Vulkanen

Natur soll wieder Natur sein – dieses hehre Ziel verfolgt der Nationalpark Eifel, der das gefällige Mittelgebirge zwischen Rhein und Mosel umfasst, bereits seit seiner offiziellen Anerkennung im Jahr 2004. Der Besucher kann dieses ambitionierte Konzept gerade bei Wanderungen durch die sanft hügeligen Landschaftsformationen, die geprägt sind von viel Wald, markanten Tälern und Höhenzügen, Stauseen und den charakteristischen Kraterseen, den Maaren, gut nachvollziehen. Der vulkanische Ursprung der gesamten Region ist gerade dort besonders augenfällig, doch deshalb muss man nicht um seine Gesundheit fürchten. Ein Ausbruch ist in absehbarer Zeit nicht in Sicht. Lediglich der »Brubbel«, ein Kaltwassergeysir im Dörfchen Wallenborn, spuckt etwa jede halbe Stunde zum Druckausgleich und zur Unterhaltung der Schaulustigen Wasser in die Höhe. Die Kräfte der Natur sind hier auf fast magische Weise spürbar und entführen uns in eine Gedankenwelt jenseits des eigentlichen Vorstellungsvermögens. Sie begleitet uns noch beim Durchstreifen der Wälder, die bereits beginnen wieder Urwaldcharakter anzunehmen, und beim Blick über die Höhen der Eifel, die unter blauem Himmel und Schäfchenwolken hingestreckt daliegen.

Sanfte Hügel, markante Täler und viel Wald: Die Kräfte der Natur sind der vulkanisch geformten Landschaft spürbar.

In Kronenburg umgibt die Besucher ein mittelalterliches Ambiente (unten). Blick auf das Gemünder Maar, einer der drei Kraterseen der Vulkaneifel (rechts). Im Ofen- und Eisenmuseum kommt Nostalgie auf (rechts unten).

1 KRONENBURG Burg mit Aussicht

Ebenso majestätisch wie geheimnisvoll erhebt sich die Burgruine Kronenburg über dem gleichnamigen Eifeldörfchen. Nach dem Eintritt durch das Nordtor der Stadtmauer umgibt den Besucher des über 400 Jahre alten Burgdorfes ein beinahe mittelalterliches Ambiente. Zwischen weißen Fassaden, Fachwerk, Stockrosen und grobem Kopfsteinpflaster, auf dem jeder Schritt einen leichten Widerhall erzeugt, scheint die Zeit stehengeblieben zu sein. Hat man die schmalen Stufen zur Burg erklommen, bieten sich fabelhafte Ausblicke auf die hügelige Welt der Nordeifel.

TIPP

Das kleine Hotel Villa Kronenburg mit seinen urigen Zimmern ist die perfekte Unterkunft für den Besuch von kulturellen Veranstaltungen oder des populären Weihnachtsmarkts, www.villa-kronenburg.de

2 DAUNER MAARE Die Augen der Eifel

Von oben betrachtet präsentiert sich das Maare-Trio bei Daun in der Vulkaneifel wie drei überdimensionale, nahezu kreisrunde Tintenkleckse. Die uralten Kraterseen sind Zeugnis der vulkanischen Vergangenheit der Region. Das Dorf Schalkenmehren grenzt unmittelbar an das größte der Maare und lässt sich auf einem gemütlichen Spazierweg durch alte Streuobstwiesen umrunden. Steil bergauf geht es von hier aus zum Weinfelder- oder Totenmaar, das ein dichter Waldgürtel umgibt. Das Gemündener Maar lockt mit einem Naturfreibad.

TIPP

Ein empfehlenswertes Etappenziel bei der Wanderung um die Maare ist der elf Meter hohe, aus schwarzem Basalt errichtete Dronketurm auf dem Mäuseberg. Weitere Infos unter www.eifelsteig.de/a-dronketurm

3 ÖFEN UND MEHR
Museum zum Anfassen

Sie gilt als die vermutlich heißeste Braut der Eifel, ihre Haut ist straff, der Teint ehern und dunkel, ihr Wuchs eher klein und zierlich. Mit sanft-gnädigem Lächeln begrüßt sie ihre Besucher, die den Weg in das Dörfchen Hüttingen in der Südeifel gefunden haben. »Nothburga« dient als Rauchabzug eines österreichischen Kaminofens und ist ein besonderer Schatz des Ofen- und Eisenmuseums von Brigitte und Theo Lukas. Was als Hobby begann, gedieh zu einer einzigartigen kulturhistorischen Sammlung von schmiedeeisernen Objekten.

TIPP

Variationen von Bügeleisen, kunstvoll geschmiedete, gusseiserne Takenplatten, Waschbretter, oder das beleuchtete Stopfei – eine segensreiche Erfindung von Konrad Adenauer –, die Vielfalt der Eisenwaren ist schier unerschöpflich.
www.ofen-und-eisenmuseum.de

Bergidylle: Die Allgäuer Alpen sind ein Paradies für Naturfreunde.

ALLGÄUER ALPEN

Berge, Wiesen und bildhübsche Kühe

Eine bergige Landschaft mit viel Wasser und Wiesen – so lautet eine gängige Erklärung des Namens Allgäu. Ob diese Interpretation sprachwissenschaftlich stimmt, sei dahingestellt, ganz sicher ist das Allgäu eine Bilderbuchlandschaft, die dieser Beschreibung zu hundert Prozent entspricht. Hinzu kommen attraktive historische Städte wie Kempten und Füssen und natürlich das berühmte Königsschloss Neuschwanstein, – das man vielleicht aber besser erst dann besucht, wenn man schon rundum erholt ist. Ruhe findet man dort eher nicht, aber eine fantasievolle Architektur, die zum Träumen einlädt. Von Memmingen erstreckt sich zu beiden Seiten der Iller eine sanfte gewellte Voralpenlandschaft mit Wiesen und Wäldern, Seen und Mooren, die Richtung Österreich bis zu den Allgäuer Hochalpen steil ansteigt. In dieser beeindruckenden Gebirgslandschaft am südlichsten Zipfel Deutschlands führen von Oberstdorf Wanderwege hinauf in eine alpine Welt mit Felsen und Gletschern – und Almen, auf denen es sich die bildhübschen, braunen Allgäuer Kühe gutgehen lassen. Von irgendwo muss die Milch für den Käse, der die abendlichen Kässpatzen verfeinert, ja herkommen.

Ob romantisches Hüttenwochenende mit Lagerfeuer (unten), Übernachtung im Baumhaushotel (rechts) oder Wanderung mit Panoramablick (rechts unten): Das Allgäu lädt zum Entspannen und Abschalten ein.

1 WANNENKOPFHÜTTE Wahrer Luxus

WLAN gibt es hier oben auf 1350 Metern nicht, dafür funkeln die Sterne zum Greifen nah am Nachthimmel und von der Wiese vor der Hütte reicht der Blick über die Wälder bis zu den umliegenden Berggipfeln. Auch den üblichen Luxus, wie Kingsize-Betten und Kabelfernsehen, sucht man auf der Wannenkopfhütte vergeblich, doch die Aussicht aus den gemütlichen Holzbetten in die Allgäuer Gebirgslandschaft ist eh unschlagbar. Was will man mehr? Ach ja, vielleicht noch handgeschabte Kässpatzen, Lagerfeuer und nächtliche Fackelwanderungen.

TIPP

Die Wannenkopfhütte steht am Riedbergpass oberhalb von Obermaiselstein, vom Parkplatz der Hütte sind es noch gut 15 Minuten zu Fuß hinauf zum Haus – das Gepäck wird transportiert, www.wannenkopfhuette.de

2 SCHNEESCHUHTOUR In die weiße Stille

Keine Schlange an der Bergbahn, keine Pistenrowdys, keine Dauerbeschallung aus der Almhütte, keine rasenden Loipenprofis – einfach die Schneeschuhe angeschnallt, und schon geht es mitten hinein in die weiße Wintermärchenlandschaft. Die Allgäuer Berge sind bekannt für ihre Schneesicherheit und bieten herrliche Wintererlebnisse für jede Kondition. Schöne, auch für Anfänger geeignete Touren verlaufen von Sommersberg zur Iller oder vom Bolsterlanger Horn zum Großen Ochsenkopf, schwieriger ist die Tour auf das Immenstädter Horn, von dem man auf den Alpsee hinunterblickt.

TIPP

Nicht nur für Anfänger empfehlen sich geführte Touren. Das Angebot reicht von kurzen Schnupper- bis zu mehrtägigen Touren, übernachtet wird auf Berghütten, denn dort schmeckt die deftige Allgäuer Küche besonders gut, www.allgaeu-bikers.de

3 BAUMHAUSHOTEL Schweben und träumen

Schweben, mitten in den Bäumen, so wie man es sich als Kind erträumt hat. Und träumen kann man sicherlich gut in den komfortablen Holzhäusern des Baumhaushotels. Hier stört kein Verkehrslärm, nur die Vögel zwitschern laut und auch die Grillen lassen sich bei ihrem Konzert in Sachen Ausdauer nicht lumpen. Hektik ist hier ein Fremdwort, wer trotzdem Action in der Auszeit vom Alltag sucht, kann Kühe streicheln, Reiten lernen, zum Wandern gehen, Schlitten fahren oder einfach mit den Kindern spielen, vollkommen offline im Hier und Jetzt.

TIPP

Die Baumhäuser gehören zu dem 300 Jahre alten Bauernhof der Familie Bechteler, der auf einer Anhöhe bei Betzigau 850 Meter hoch und wunderbar ruhig zwischen Wiesen und Feldern gelegen ist, www.baumhaushotel-allgaeu.de

Anstrengende Aufstiege werden im Allgäu mit atemberaubenden Ausblicken, wie hier auf den Seealpsee, belohnt.

Nur anschauen, nicht pflücken: Der wilde Enzian steht unter Naturschutz!

4 GENUSSROUTEN
Wandertrilogie Allgäu

Wiesen, Wasser, Berge – die Allgäuer Dreifaltigkeit. Wer die verschiedenen Landschaften und hübschen Ortschaften und Städte der Region hautnah und mit allen Sinnen erleben möchte, kann sie sich auf den Routen der »Wiesengänger«, »Wasserläufer« und »Himmelsstürmer« auf einem 876 Kilometer langen Wegenetz (Wandertrilogie Allgäu) ganz nach Gusto und eigenem Tempo zu Fuß erschließen.

Die »Wiesengänger« erkunden auf leichten Wegen die duftenden Wiesen, sanften Hügel und urtümlichen Moore von Marktoberdorf bis Eglofs. Bei Bad Wurzach geht es zum Beispiel mitten hinein ins Wurzacher Ried, eines der größten noch intakten Hochmoorgebiete Europas, auf Holzwegen und direkt auf dem federnd-weichen Untergrund. In Bad Wurzach kann man dann auch im Moorbad tiefenentspannen.

Die »Wasserläufer« zieht es zu Flüssen, Bächen und Seen, Wasserfällen, Eistobel und Klammen – selbst zu den Königsschlössern Hohenschwangau und Neuschwanstein führt der Weg am Forggensee vorbei. Die Starzlachklamm, durch die man oberhalb der tosenden Starzlach wandert, gehört zur Route der »Himmelsstürmer«, die von Halblech bis Pfronten hinauf in die schrofferen Höhen mit großartiger Fernsicht führt. Über Almen und ein Hochmoor bei Balderschwang, in dem Enziane und Orchideen blühen, geht es von Gipfel zu Gipfel, übernachtet wird in Berghütten und Berghotels, die häufig Bioküche und Wellness anbieten. Auch wenn man bisweilen beim steilen Anstieg schnaufen muss, die Himmelstürmer-Route ist landschaftlich ein Genuss.

Kulinarisch erkundet man das Allgäu auch auf der Käsestraße – am besten mit dem Fahrrad. Sie führt von Isny und Oberstaufen bis Wangen und Waldburg in Schleifen und Kurven durch die liebliche Voralpenlandschaft des Westallgäus zu 13 Sennereien, fünf Hofkäsereien und Gasthöfen, die Spezialitäten aus Allgäuer Heumilch anbieten. Unterwegs kann man Käse, Butter und Quark verkosten und einkaufen, beim Schaukäsen zusehen – und sich in der Allgäuer Käseschule in Thalkirchdorf auch selbst als Käser versuchen. Die Kühe kauen währenddessen auf den umliegenden Weiden mit verträumtem Blick grüne Leckerbissen wider.

ALLGÄUER HANDWERKSKÄSE IST EIN LEBENSMITTEL IM WORTSINN, WIRD ER DOCH AUS DUFTENDER HEUMILCH HERGESTELLT, DIE VON KÜHEN STAMMT, DIE AUF DEN ALMEN UND WIESEN FRISCHE KRÄUTER GRASEN DÜRFEN.

TIPP

Die insgesamt 54 Etappen der Wandertrilogie können alle als Einzelwanderungen unternommen werden. Wer mehrere Tage unterwegs ist, kann sich sein Gepäck auch transportieren lassen. Alle Infos dazu unter www.allgaeu.de/infrastruktur. Wer Hobby-Käser werden will, meldet sich einfach unter www.kaeseschule.de an.

Natur-Highlight: Der türkis-
blaue Eibsee am Fuße
der Zugspitze bietet ein
wunderbares Panorama.

WETTER–STEINGEBIRGE

Höher geht's nicht

Im tiefen, hochalpinen Süden erstreckt sich das Wettersteingebirge von Bayern bis nach Tirol hinein – an seinem Fuß liegt Garmisch-Partenkirchen im Loisachtal, dessen Schönheit im »Loisachtallied« inbrünstig besungen wird. Von dort geht es mit der Zahnradbahn hinauf auf die Zugspitze. Höher als auf dem 2962 Meter hohen Gipfel kann man sich in Deutschland nirgendwo den Wind um die Nase wehen lassen, und der Panoramablick ist phänomenal. Saison im und am Wetterstein ist eigentlich immer: Im Winter sind die Lifte für die Skifahrer in Betrieb – auf der Zugspitze sieben Monate im Jahr –, in der restlichen Zeit bietet sich, angefangen beim Klettern bis zum Golfspielen eine breite Palette an Sport- und Erholungsmöglichkeiten. Tatsächlich findet man hier weniger majestätische Bergeinsamkeit, dafür aber spektakuläre Landschaften wie aus dem Bilderbuch: mit Gletschern, Gipfeln, sanften Almen, wildromantischen Klammen, Wasserfällen und grünen Seen. Touristen strömen in die traumhafte Gebirgsregion schon seit dem 19. Jahrhundert, von Wildnis bis Wellness wird deshalb alles geboten, was sich Erholungssuchende so wünschen.

Die über 2.500 Meter hohe Alpspitze bietet nicht nur bei Vollmond einen betörenden Anblick.

2 ALPSPIX Steg ins Unendliche

Der markante Gipfel der 2628 Meter hohen Alpspitze gleicht einer Pyramide und ist einer der schönsten im Wetterstein-gebirge. Hier kann man auch als Flachlandtiroler Ausblicke erleben, wie sie sonst nur Kletterern in steilen Felswänden vorbehalten sind. Knapp oberhalb der Bergstation ragen die 25 Meter langen AlpspiX-Stege wie ein schwebendes X ins unendliche Nichts. Am verglasten Ende blickt man 1000 Meter in die Tiefe, auf die Zugspitze, die Waxensteine, die Alpspitz-Nordwand und ins Höllental. Schwindelerregend schön.

TIPP

Am leichtesten erreicht man die Aussichtsplattform mit der Alpspitzbahn, die von Garmisch hinauf zum Osterfeldkopf fährt. Dort führt auch der beliebte Klettersteig Alpspitz Ferrata hinauf zum 500 Meter höheren Gipfel, www.alpspitze.org

1 EIBSEE Panorama inklusive

Ein Bergsee der Superlative, den in der Eiszeit eine Gletscher-zunge in den Boden schürfte: klares, grünblau leuchtendes Wasser und ein Panorama, das seinesgleichen sucht. Am Eibsee blickt man direkt auf die Zugspitze, und wer sich nach Gipfelglück sehnt, schwebt die 2000 Meter mit der Seilbahn hinauf. Rund zehn Minuten dauert die Fahrt, die Sicht aus den bodentief verglasten Kabinen ist sensationell. Die schö-nen Inseln im Eibsee sind übrigens die Trümmer eines gigan-tischen Bergsturzes vor rund 3500 Jahren.

TIPP

Am Eibsee findet man Wassersportmöglichkeiten, Gastronomie und ein Hotel. Sommers wie winters führt eine 7,5 Kilometer lange Wanderung rund um den See. Weil sie so beliebt ist, kommt man am besten frühmorgens oder relativ spät am Tag, www.eibsee.de

3 DAS GRASECK Ich bin dann mal oben

Bergfeeling und luxuriös verwöhnt werden – diesen Wunsch erfüllt das Designhotel Das Graseck seinen Gästen in 900 Metern Höhe. Ringsum liegen ein paar Bauernhöfe und saf-tig-grüne Bergwiesen, die sich im Winter in eine hügelige Schneelandschaft verwandeln. Vom Hotel aus kann man di-rekt zu Wanderungen aufbrechen oder im Wellness-Bereich entspannen, natürlich mit Aussicht, von der Sauna, dem war-men Becken im Freien, der großen Terrasse oder im Fitness-raum. Gutes Essen gibt es natürlich auch.

TIPP

Das Graseck (www.das-graseck.de) steht am Fuß der Dreitorspitze oberhalb der Partnachklamm und ist am leichtesten mit der Gra-seckbahn ab Partenkirchen zu erreichen. Für Gäste ist die Benut-zung der nostalgischen Bergbahn kostenlos, www.graseckbahn.de

Die hübschen Eibsee-Inseln sind Trümmer eines Bergsturzes vor rund 3.500 Jahren.

Von der Aussichtsplattform AlpspiX aus blickt man 1000 Meter in die Tiefe.

Die sanfte Winterlandschaft des Dreiländerecks hat einen ganz besonderen Charme.

RUND UM DEN DREISESSEL

Willkommen im Winterwunderland

Das Dreiländereck Deutschland, Tschechien, Österreich hat vor allem im Winter seinen besonderen Charme – zwar schwingt sich der Hochstein noch bis zu 1333 Meter auf, doch Richtung Süden werden die Gipfel niedriger und die Landschaft wellt sich sanfter. An klaren Tagen zeigt sich die ganze Alpenkette am Horizont, denn seit hier Stürme und der Borkenkäfer für Kahlschlag sorgten, ist die Aussicht grandios. Der Hochstein ist der höchste Punkt am Dreisessel, der seinen bizarren Namen einer Sage verdankt. Angeblich sollen hier die Könige von Bayern, Böhmen und Österreich auf einem thronartigen Felsblock um Grenzverläufe gefeilscht haben. Ausflüge mit Tourenskiern, mit Schneeschuhen oder auf Langlaufskiern sind auch für Gelegenheitssportler leicht möglich – der Parkplatz liegt nicht weit vom Gipfel. Der Dreisessel gehört nicht zum Nationalpark Bayerischer Wald, aber jenseits der Grenze zu Tschechien erstreckt sich der Nationalpark Sumava. Das heißt im Klartext: Es herrscht Wegegebot. Von der österreichischen Seite führt ein Wanderweg zum idyllischen Plöckensteiner See.

Eine Schneeschuhtour durch die bezaubernde Winterlandschaft ist Balsam für Körper und Seele.

1 SCHNEESCHUHTOUR am Dreiländereck

Ist hier noch Bayern oder schon Böhmen? Was im Januar von einer dicken Schneedecke verborgen wird, war über Jahrzehnte eine entscheidende Frage. Hinter den »Pozor!«-Schildern fing der Ostblock an, und wer sich am Gipfelkamm zwischen Hochstein und Tschechischen Plöckenstein bewegte, achtete genau auf den Grenzverlauf. Heute erinnert nur noch der Stein am Dreiländereck an finstere Zeiten und sogar die Bäume ziehen mit: Statt dichtem Fichtenwald stehen hier heute silbrige Stämme, unter denen ein neuer Wald heranwächst. Die märchenhafte Winterlandschaft lässt sich am besten auf einer geführten Schneeschuhtour erkunden.

TIPP

Die Schneeschuhtour beginnt an der Dreisesselalm hinter Neureichenau. Die ungefähr vierstündige Runde führt die Skipiste hoch, dann bequem bis zum Plöckenstein. Dort steigt man nach Lackenhäuser ab und fährt mit dem Bus zurück. www.dreisessel.com

2 SCHLITTENTOUR mit bayerischen Huskys

Yukon ist so flauschig, dass man sich glatt verlieben könnte – wenn es nicht ringsum so viel zu schauen und zu streicheln gäbe. Als einer von 14 Alaskan Malamutes gehört er zum Schlittenhunderudel auf dem Huskyhof Dreisessel von Kilyan Klotsch und Andrea Rothmeyer. Die stämmigen Tiere mit dem weichen Fell und der Engelsgeduld stehen im Mittelpunkt zahlreicher Programme – von der Wanderung über die Schlittenfahrt bis zum Musher-Kurs, bei dem man lernt, einen Hundeschlitten zu führen. Die Arbeit mit den Tieren ist ein wirkliches berührendes – und überaus entschleunigendes – Erlebnis.

TIPP

Der Sportclub Haidmühle veranstaltet regelmäßig internationale Schlittenhunderennen. Eine Trainingsstrecke ist von Dezember bis März geöffnet (Infos unter www.sc-haidmuehle.de). Der Huskyhof bietet neben Schlittentouren auch einfache Ferienwohnungen und Camps für Kinder an. www.huskyhof-dreisessel.de

Mit bayerischen Huskys
durchs Winterwunderland –
ein berührendes Erlebnis!

Nach körperlicher Anstren-
gung kann man sich im Berg-
gasthof Dreisessel stärken.

Yoga ist eine tolle Möglichkeit,
um Körper und Seele in
Einklang zu bringen.

Schon früher legten sich Bauern in die frische Mahd, um sich von der anstrengenden Arbeit auf dem Feld zu erholen.

RUNDUM WOHLFÜHLEN

Wellness in allen Varianten

Süß duftet das warme feuchte Heu, in das man sich mit einem wohligen Seufzer eingegraben hat. Nur die Nasenspitze schaut noch heraus. Nun heißt es einfach stillliegen und genießen, denn wenn Frauenmantel, Arnika, Fingerkraut und Co. ihre Wirkung entfalten, spürt man direkt, wie die Lebensgeister zurückkehren. Früher legten sich die Bauern in die frische Mahd, um sich von der Schwerarbeit mit der Sense zu erholen und den schmerzenden Knochen und Gelenken Linderung zu verschaffen. Von »A« wie Alexandertechnik bis »Z« wie Zilgrei (wer's nicht kennt: eine Atmungs- und Haltungstherapie) ist das Heubad heute eine von zahllosen Möglichkeiten, wie stressgeplagte Zeitgenossen aller Berufe wohltuende Entspannung und neue Vitalität finden.

Wellness heißt das wohlklingende große Zauberwort, und im besten Sinn bedeutet es, Körper, Geist und Seele in eine Harmonie des Wohlbefindens versetzen. Das kann jeder für sich auf seine Weise erreichen. In die Weite schauen, dem Wasser und den Vögeln lauschen, den eigenen Rhythmus finden und zur Ruhe kommen – ein Aufenthalt in der Natur kann Wellness pur sein, ob im Nordseewatt, im Wald oder im Hochgebirge der Alpen. Für wen Entspannung, Entschleunigung und der Wohlfühlfaktor in einem angenehmen Ambiente Grundvoraussetzungen sind, um sich zu regenerieren, lässt sich vielleicht am liebsten in einem eleganten Spa, einer stilvollen Therme oder in einem schönen Wellness-Hotel nach allen Regeln der Kunst verwöhnen. Das Angebot in diesen Wohlfühlhäusern reicht von allen erdenklichen Massagen und therapeutischen Anwendungen über Detox-Kuren und kosmetische Behandlungen bis hin zu Fitnessprogrammen mit

WELLNESS HEISST DAS WOHLKLINGENDE GROSSE ZAUBERWORT, UND IM BESTEN SINN BEDEUTET ES, KÖRPER, GEIST UND SEELE IN EINE HARMONIE DES WOHLBEFINDENS ZU VERSETZEN. DAS KANN JEDER FÜR SICH AUF SEINE WEISE ERREICHEN.

Personal Trainer. Im Blickpunkt steht dabei auch das kulinarische Wohlbefinden, denn auch eine gute, gesundheitsbewusste Küche gehört zur Rundumerholung.

Wellness heißt für viele auch, die Achtsamkeit und eigene Bewusstheit zu steigern und so ein intensiveres Lebensgefühl zu erlangen. Beliebt sind zum Beispiel Yoga- oder Meditations-Retreats, nicht selten kombiniert mit Ayurveda-Kuren und kreativen Tätigkeiten wie Malen, Musizieren oder Ikebana, aber auch kurze Aufenthalte im Kloster. Doch egal, ob man nun eher der Kräuterwanderer, Dampfbader oder Sonnengruß-Typ ist: Frei nach dem Medizinermotto »Wer heilt, hat Recht« gilt auch für Wellness »Wer wohltut, hat Recht«. Und es ist ja auch nicht das Schlechteste, auszuprobieren, wie man am besten die leeren Batterien auffüllt und zu gesunder Gelassenheit findet. Es gibt wahrlich Unangenehmeres.

BERCHTESGADENER ALPEN

Im Reich des Königs Watzmann

Wo im äußersten Südosten Bayerns das Berchtesgadener Land wie eine Halbinsel nach Österreich hineinragt, schützt Deutschlands einziger Nationalpark in den Alpen eine felsig-zerfurchte Hochgebirgslandschaft mit saftigen Wiesen, rauschenden Wasserfällen und dem grünblauen Königssee. Unbestrittener König des Nationalparks und des umliegenden UNESCO-Biosphärenreservats ist der 2713 Meter hohe Watzmann, dessen markante Gestalt geradezu nach einer Ursprungslegende schreit. Und die gibt es selbstverständlich auch: Der Watzmann war ein grausamer König, der Menschen und Tiere quälte. Aber als er einmal eine Bauernfamilie ermordete, traf ihn der göttliche Fluch und verwandelte ihn, zusammen mit der Königin und seinen sieben Kindern, in die riesigen Felsen des mächtigen Massivs. Das ist vor allem ein Revier für erfahrene Bergsteiger, und für Kletterer stellt die 1800 Meter hohe Ostwand, der höchste Felsabsturz in den Ostalpen, eine enorme Herausforderung dar. Zudem tummeln sich in dem Gebirgsstock Gämsen, Steinböcke und Murmeltiere, scharf bewacht vom Steinadler. Das Watzmannmassiv lässt sich auf vielen Bergwegen in allen Schwierigkeitsstufen erkunden – und spätestens bei der ersten Rast mit Gipfelblick ist der Alltag weit, weit fort.

Saftig grüne Wiesen, klare Seen, schroffe Berge und urige Hütten: Die Berchtesgadener Alpen lassen keine Outdoor-Wünsche offen!

Blick auf die Wallfahrtskapelle Bartholomä. Dahinter ragt die Ostwand des Watzmann auf.

Der Königssee liegt eingebettet zwischen Watzmann und Hagengebirge.

Eine Fahrt mit einem der Elektrobooten ist ideal, um die Umgebung kennenzulernen.

1 KÖNIGSSEE Naturschauspiele in magischer Umgebung

Die Watzmann-Ostwand ist nur wenigen exzellenten Kletterern vorbehalten, allen zugänglich ist hingegen der Königssee, der unterhalb des berüchtigten Felsabsturzes in die Lücke zwischen Watzmann und Hagengebirge eingebettet ist. Dunkelgrün zieht sich der See wie ein langgezogener Fjord entlang zwischen bewaldeten Felswänden, die steil in den Himmel aufragen. Den fantastischen Anblick genießt man selten allein, überwältigt ist man aber trotzdem.

Bereits seit über hundert Jahren gleiten wunderbar leise Elektroboote über das Wasser, Motorenlärm wird in der geschützten Landschaft keine Chance gegeben. Auf ihrem Weg zwischen der Seelände in Schönau und der Halbinsel Hirschau sieht man die bewaldete Bucht des berühmten Malerwinkels, an dem schon unzählige Bilder gemalt wurden, den Königsbachfall, der 200 Meter hinab in den See rauscht, und lauscht an einer Stelle ganz besonderen Tönen. Unterhalb der Brentenwand halten die Boote an und die Schiffsführer holen ihre Flügelhörner hervor, um das berühmte Echo vorzuführen. Es ist so klar, dass böse Zungen behaupten, es höre sich bisweilen besser an als die Trompeterei der Kapitäne selbst. Auf der Halbinsel Hirschau ragt hinter der Wallfahrtskapelle St. Bartholomä mit den auffälligen Kleeblatt-Kuppeln die Watzmann-Ostwand auf.

Wer jetzt nicht im Biergarten hängen bleibt, sondern weiter zur Südspitze des Sees zur Saletalm fährt, erreicht den Obersee. Zwischen tausend Meter hohen Felswänden gelegen, ist er der Inbegriff eines perfekten Bergsees. Am Ufer entlang führt ein Weg rund drei Kilometer weit zur 500 Jahre alten Fischunkenalm, wo man sich mit Blick auf eine beeindruckende Gebirgslandschaft genüsslich stärkt, bevor man noch eine halbe Stunde weiter bis zum Talschluss wandert. Dort rauscht Deutschlands höchster Wasserfall, der Röthbachfall 470 Me-

BIS IN DIE 1930ER JAHRE WURDE DAS KÖNIGSSEE-ECHO MIT BÖLLERN ODER SCHÜSSEN AUSGELÖST, DRASTISCH, ABER EFFEKTVOLL: GANZ DEUTLICH KONNTE MAN HÖREN, WIE DER LAUTE KNALL MITUNTER SOGAR SIEBENFACH AN DEN FELSWÄNDEN UND IN DEN SCHLUCHTEN DER UMGEBUNG NACHHALLTE.

ter in die Tiefe – und nur ein wenig nördlich davor sein kleiner Bruder, 410 Meter hoch, der Landtalfall.

Während der Königssee vor allem in den Sommermonaten recht überlaufen sein kann, kann man hier in aller Regel die wunderbare Natur auf sich wirken lassen!

TIPP

Die Tour ist sicher kein Geheimtipp, aber in ihrer Schönheit magisch. Am besten unternimmt man sie morgens so früh wie möglich. Die Elektroboote fahren ganzjährig, der Fahrplan ist unter www.seenschifffahrt.de abrufbar. Infos zum Nationalpark auf www.nationalpark-berchtesgaden.bayern.de und www.berchtesgaden.de

Der Obersee gilt vielen als Inbegriff eines perfekten Bergsees.

3 BRENTGENHÜTTE Biwak am Hochseiler

Exponiert wie ein Vogelnest klebt die Brentgenhütte in 1845 Metern Höhe im Schneekar. Nach unten geht es weit und steil in die Tiefe, nach oben ragen die Wände des 2793 Meter hohen Hochseilers auf, der zum Hochkönig gehört. Mit 2941 Metern ist er der höchste Gebirgsstock der Berchtesgadener Alpen, liegt aber schon in Österreich. Die Brentgenhütte steht als Biwakschachtel jedem offen. Komfort ist hier Fehlanzeige, doch das spielt angesichts der Aussicht, dem Sternenhimmel und dem Gefühl, ein Abenteuer in den wilden Bergen zu erleben, keine Rolle mehr.

TIPP

Die Brentgenhütte bietet zwölf Schlafplätze, eine Quelle und Geschirr. Proviant und Gaskocher muss man mitbringen. Von Hinterthal erreicht man sie in ungefähr zweieinhalb Stunden über den Hüttenweg, zum Schluss muss man ein bisschen kraxeln, www.berchtesgadener.info/huetten

2 WASSERALM Hoch über dem Obersee

Vom Talschluss am Obersee führen beim Röthbachfall der Röth- und Landtalsteig in rund dreieinhalb Stunden steil hinauf zur Wasseralm. Kontaktscheu darf man nicht sein auf der urigen Hütte, die auf 1423 Meter Höhe eingebettet im Kessel der Röth zwischen dem Hagengebirge und dem Steinernen Meer liegt. Übernachtet wird hier im Matratzenlager, was bedeutet, Ohrstöpsel nicht vergessen! Angesichts der überwältigenden Lage rückt dies jedoch völlig in den Hintergrund, erst recht, wenn abends die Rehe vorbeischauen.

TIPP

Die Wasseralm ist Station auf mehrtägigen Wander- und Skitouren. Sie ist nur im Sommer bewirtschaftet und im Winter für Selbstversorger geöffnet. Vor allem in der Hauptsaison ist es besser, sich vorab anzumelden, www.berchtesgaden.de/wasseralm

4 SCHELLENBERGER EISHÖHLE

Kalte Unterwelt

Kalt ist es in der Schellenberger Eishöhle, um die null Grad schwankt die übliche Temperatur in den Gängen und Hallen, die sich kilometertief im Untersberg verbergen. Deutschlands einzige erschlossene und zugleich größte Eishöhle liegt auf 1570 Metern hoch über Marktschellenberg. 60.000 Kubikmeter Eis sind hier formenreich bis zu 30 Meter dick gefroren und werden bei Führungen durch Karbidlampen zum Glitzern gebracht. Eine bezaubernde, unwirkliche, sich immer wieder verändernde, eiskalte Welt.

TIPP

Die Eishöhle erreicht man nur zu Fuß, entweder von Marktschellenberg in rund drei Stunden bergauf oder von der Untersbergbahn aus über einen hochalpinen Weg in zweieinhalb Stunden. Feste Bergschuhe und warme Kleidung sind ein Muss, www.eishoehle.net

Auf dem Weg zur Schellenberger Eishöhle bieten sich wunderbare Ausblicke.

Schellenberger
Eishöhle

Toni-Lenz-Hütte

Zisler
Arnoweg

Berchtesgadener
Hochthron
Stöhrhaus

D.A.V. S. Berchtesgaden

Auf der Wasseralm wird im Matratzenlager übernachtet!

REGISTER

Leise durch die Wasserstraßen
des Spreewaldes gleiten – ein
magisches Erlebnis!

TEXT- UND BILDNACHWEIS

TEXTNACHWEIS

Kerstin Beck: Einführung »Into the Woods« (S. 11), Lüneburger Heide (S. 16-21), Spreewald (S. 24-29), Schönbuchwald (S. 40-43), Schwarzwald (S. 44-51), St. Peter-Ording (S. 60-63), Usedom (S. 74-77), Mecklenburgische Seenplatte (S. 80-85)

Udo Haafke: Wipfelglück (S. 23), Harz (S. 118-123), Bergisches Land (S. 124-129), Naturreich Eifel (S. 136-139)

Britta Mentzel: Darßwald (S. 12-15), Bayerischer Wald (S. 30-37), Waldbaden (S. 39), Die dunkle Ilz (S. 90-93), Rund um den Dreisessel (S. 150-153)

Norbert Ney: Ostfriesland (S. 54-59), Nordfriesische Inseln (S. 64-67), Das Wattenmeer (S. 69), Rügen (S. 70-73), Lühesand (S. 79), Scharmützelsee (S. 86-89)

Redaktion: Vorwort (Seite 8-9), Sächsische Schweiz (S. 114-117)

Barabara Rusch: Einführung »Take me to the Water« (S. 53), Altmühltal (S. 94-99), Donau (S. 100-105), Bodensee (S. 106-111), Einführung »High in the Mountains« (S. 113), Spessart (S. 130-135), Allgäuer Alpen (S. 140-145), Wettersteingebirge (S. 146-149), Rundum Wohlfühlen (S. 155), Berchtesgadener Alpen (S. 156-161)

BILDNACHWEIS

Barmherzige Brüder Kostenz, Tagungs- und Erholungshaus: Seite 36, 37

Baumhaushotel Allgäu: Seite 143 o.

Beck, Kerstin: Seite 18 o., 18 u., 19, 20 o., 20 u., 21 o., 21 u., 26, 27 o., 27 u., 28 o., 28 u., 29, 34, 42 u., 43 o., 43 u., 44/45, 46 o., 46 u., 47, 49 o., 49 u., 50, 51 o., 51 u., 62, 63 u., 76, 77 o., 77 u., 82, 83, 84

Forstgut (Fotostudio Eder): Seite 32 o. und u.

Haafke, Udo: Seite 120 o., 121, 123 u., 126, 127 o., 127 u., 129 u., 139 u.

Huber Images: Seite 12/13, 30/31, 33 o., 35 o., 42 o. (Reinhard Schmid), 73 o. (Christian Bäck), 73 u. (Sabine Lubenow), 88 o. (Manfred Mehlig), 89 o. (Günter Gräfenhain), 90/91 (Günter Gräfenhain), 97, 99 u. (Reinhard Schmid), 124/125 (Frank Lukasseck), 129 o. (Hans-Peter Merten), 135 o. (Mark Robertz), 136/137 (Heinz-Joachim Jockschat)

Mauritius Images: Seite 16/17 (Westend61 / Patrice von Colani), 40/41 Mike Fuchslocher, 48 (ImageBROKER), 54/55 (Roland T. Frank), 57 o. (Susanne Schmich,), 66 (Sabrina Larcher), 67 o. (Westend61 / Frank Muckenheim), 69 (Felix Strohbach), 80/81 (imageBROKER / Hans Blossey), 86/87 (Andreas Vitting), 89 u. (Torsten Elger), 92 (Dr. Juergen Bitzer), 93 o. (Martin Siepmann), 93 u. (Martin Siepmann / imageBROKER), 94/95 (Martin Siepmann), 96 (Martin Siepmann / imageBROKER), 103 (Westend61 / Martin Siepmann), 111 u. (Martin Siepmann), 117 u. (Westend61 / Torsten Becker), 133 (Raimund Linke), 139 o. (roederPhotography), 148 (Ludwig Mallaun), 149 o. (Dave Derbis), 154 (Cavan Images), 155 (Westend61 / Hans Huber), 161 o. (Bernd Römmelt)

Ney, Norbert: Seite 78

Resort Baumgeflüster: S. 22, 23

shutterstock: Seite 4 (Olha Rohulya), 5 (Marcus_Hofmann), 6/7 (Jellis Vaes), 8/9 (dirkr), 10/11 (Funny Solution Studio), 14 o. (R_Pilguj), 14 u. (Mattis Caminer), 15 o. (LaMiaFotografia), 15 u. (Benno Hoff), 24/25 (Bildagentur Zoonar GmbH), 33 u. (Ina Meer Sommer), 35 u. (PV productions), 38 (Tanja Esser), 39 (VarnaK), 52/53 (R_Pilguj),56 (travelpeter), 57 u. (View57), 58 o. (dirkr), 58 u. (emka74), 59 (DARSVETA), 60/61 (majonit), 62 o. (Majonit), 64/65 (ricok), 67 u. (Bernd Wolter), 68 (Chris Rinckes), 70/71 (konradkerker), 72 (Pawel Kazmierczak), 74/75 (ricok), 79 (ricok), 85 o. (Steffen Berg), 85 u. (Ina Meer Sommer), 88 u. (Bildagentur Zoonar GmbH), 98 (Ulza), 99 o. (ecwo), 100/101 (UschiDaschi), 102 (Vishnevskiy Vasily), 104 (Rostislav Stefanek), 105 o. (Kichigin), 105 u. (Reiner Conrad), 106/107 (Horst Lieber), 108 (Loredana Habermann), 109 (Fedor Selivanov), 110 (Ersler Dmitry), 111 o. (Rido), 112/113 (TrylMag), 114/115 (Mike Mareen), 116 (Andreas Rose), 117 o. (Petishe), 118/119 (Joppi), 120 u. (Stefan1085), 122 (Foxxy63), 123 o. (R_Pilguj), 128 (Bernhard Klar), 130/131 (symbiot), 132 o. (Judith Lienert), 132 u. (Klaus Jung), 134 (Luka Hercigonja), 135 u. (franconiaphoto), 138 (Lutsenko_Oleksandr), 140/141 (PlusONE), 142 (gregorjohn.com), 143 u. (Andifo), 144 (Robert Schneider), 145 (Edoardo Legnaro), 146/147 (Creative Travel Projects), 149 u. (MarekKijevsky), 150/151 (Gokula Englberger), 152 (Jag_cz), 153 o. (Kjetil Kolbjornsrud), 153 u. (Nadezda Murmakova), 156/157 (canadastock), 158 o. (canadastock), 158 u. (Max.T), 159 (Lena Wurm), 160 (canadastock), 161 u. (Jupp Hoffmann), 164/165 (DanKe)

Umschlagvorderseite: Blick auf den Eibsee am Fuße der Zugspitze (shutterstock/kasakphoto)

Umschlagrückseite: eine Bootstour im Spreewald (Kerstin Beck) o.l.; Der Eibsee, mit einer Drohne fotografiert (shutterstock/kstyler) o.r.; Unterkunft im Baumhaushotel Allgäu (Baumhaushotel Allgäu) u.l.; der Obersee in den Berchtesgadener Alpen (shutterstock/Wolfgang Haukel) u.r.

Klappe vorne: den Wald mit allen Sinnen genießen (shutterstock/Guernther Albers) o.; Nachtlager unterm Sternenhimmel (shutterstock/s_oleg) m.l.; ein wärmendes Lagerfeuer (shutterstock/Ryan Thomas) m.r.; ein sonniger Wintertag auf der Halbinsel Fischland-Darß-Zingst (shutterstock/R.Pilguj) u.

IMPRESSUM

Verantwortlich: Elizabeth Bandulet
Lektorat: Daniela Wilhelm-Bernstein
Layout: Reemers Publishing Services GmbH
Korrektorat: Reemers Publishing Services GmbH
Repro: LUDWIG:media
Cover- und Umschlaggestaltung: Christa Thieser; Reemers Publishing Services GmbH
Kartografie: Huber-Kartographie, Heike Block
Herstellung: Alexander Knoll
Printed in Italy by Printer Trento

Sind Sie mit diesem Titel zufrieden? Dann würden wir uns über Ihre Weiterempfehlung freuen. Erzählen Sie es im Freundeskreis, berichten Sie Ihrem Buchhändler oder bewerten Sie bei Onlinekauf. Und wenn Sie Kritik, Korrekturen, Aktualisierungen haben, freuen wir uns über Ihre Nachricht an: Bruckmann Verlag, Postfach 40 02 09, D-80702 München oder per E-Mail an: lektorat@verlagshaus.de.

Unser komplettes Programm finden Sie unter  www.bruckmann.de

Alle Angaben dieses Werkes wurden vom Autor sorgfältig recherchiert und auf den neuesten Stand gebracht sowie vom Verlag geprüft. Für die Richtigkeit der Angaben kann jedoch keine Haftung übernommen werden, weshalb die Nutzung auf eigene Gefahr erfolgt. Insbesondere bei GPS-Daten können Abweichungen nicht ausgeschlossen werden. Sollte dieses Werk Links auf Webseiten Dritter enthalten, so machen wir uns die Inhalte nicht zu eigen und übernehmen für die Inhalte keine Haftung.

Die Deutsche Nationalbibliothek verzeichnet diese Publikation in der Deutschen Nationalbibliografie; detaillierte bibliografische Daten sind im Internet über http://dnb.d-nb.de abrufbar.

ISBN 978-3-7343-1493-3